Johann David Köhler

Anweisung für reisende Gelehrte, Bibliotheken, Münzkabinette,

Antiquitätenzimmer

Johann David Köhler

Anweisung für reisende Gelehrte, Bibliotheken, Münzkabinette, Antiquitätenzimmer

ISBN/EAN: 9783743468870

Hergestellt in Europa, USA, Kanada, Australien, Japan

Cover: Foto ©Andreas Hilbeck / pixelio.de

Weitere Bücher finden Sie auf **www.hansebooks.com**

Des
Herrn Professors
Johann David Köhlers

Anweisung

für

Reisende Gelehrte,

Bibliothecken, Münz = Cabinette,
Antiquitäten = Zimmer, Bilder = Säle,
Naturalien und Kunst = Kammern,

u. d. m.
mit Nutzen zu besehen.

Frankfurt und Leipzig,
In der Knoch = und Eßlingerischen
Buchhandlung. 1762.

Vorrede.

Die Verdienste des seel. Herrn Professor Köhlers, als einer wahren Zierde seines Vaterlandes, Sachsens, und zwoer Academien in Deutschland, haben sich bey der gelehrten Republick ein so unsterbliches Andenken erworben, daß man alles, was von diesem vortreflichen Manne herkomt, billig hoch schätzen muß. Die Herren Verleger haben dannenhero, durch den Abdruck dieser Anweisung, deren Abschrift unser hiesige Herr Stadt=Bibliothekarius Lcc. Kneusel, ihnen hochgeneigt mitzutheilen und die dermahlige Herausgabe zu besorgen, beliebet hat, sich dem gelehrten Publico gefällig zu machen, nicht entstehen wollen. Es wird ihnen auch hoffentlich nicht für eine Vermessenheit ausgelegt werden, daß sie die in der Handschrift ganz unbestimmte Rubrick: Itinerarium, in den Titel, einer Anweisung für reisende Gelehrte verändert haben. Wär diese von dem seel. Herrn Professor einigen Studirenden, auf der berühmten Academie zu Göttingen, zum Unterricht gehaltene Vorlesung, zum Druck bestimmet worden,

den, so ist kein Zweifel, er würde
selbst hierinne eine Aenderung gemacht, auch wohl das ganze Werk,
nach seiner ungemeinen Einsicht in
dergleichen Wissenschaften , weitläuftiger ausgeführt haben, welches allhier noch in verschiedenen
Stellen, wegen des Schreibers Eil-
fertigkeit mangelhaft und abgekürzt
scheinet.

Da indessen, als Rom und Griechenland sich auf die Geschichte und
Litteratur zu legen anfiengen, das
Reisen für ein nothwendiges Erfah-
rungs = Mittel gehalten ward, solches auch noch jetzo billig dafür zu
halten ist: Dasselbe gleichwohl bey
unsern aufgeklärten Zeiten, nach
der Meinnng eines der größten Ge-
)(3   lehrten,

lehrten, in eine fast epidemische
Seuche unserer flüchtigen Jugend,
die nicht zu Hause bleiben kan, son=
dern die Natur eines andern anneh=
men, und seine eigene gerne verlie=
ren will, abgeartet ist; So wird
gegenwärtige Anweisung gewiß
nicht ohne Nutzen seyn können.

Der Leser findet darinne viele aus=
erlesene und nicht gemeine Anmer=
kungen, I. Bey Bibliothecken
überhaupt, und insbesondere von
Handschriften und Büchern. Die
Anordnung der Bibliothecken beru=
het meistentheils auf der Geschick=
lichkeit der Bibliothekarien, deren
Eigenschaften der Herr Professor
voraus setzet, und daher nichts da=
von erinnert. Man hat wohl eher
alte

alte Männer, die weder lesen noch
schreiben konnten, so wie auf der
Juristen Bibliotheck zu Paris, ehe-
mahls ein altes Weib mit den
Spinnrocken angetroffen, das gleichwohl den Fremden die verlangten
Bücher richtig herbey brachte. Dergleichen, nicht viel geschicktere Bü-
cher-Aufseher sich wohl mehr finden
mögen.

II. Bey **Münz-Cabinetten** läs-
set der Herr Professor seine Stärke in dieser Wissenschaft, welche
Deutschland noch in seinen Münz-
Belustigungen bewundert, in Be-
merkung vieler seltener Münzen sehen. Wie es aber in dieser Wissenschaft eben so viel Phantasten, als
in andern gibt, so kan man das lä-

cherli-

cherliche und nützliche darinne in Addissons Gesprächen vom Nutzen der alten Münzen finden. Wer weiß ob uns auch nicht ein gelehrter Münzmeister mit einem System vom Unterschied des ächten, und unächten Rosts der alten Münzen noch bereichert.

III. Von Antiquitäten = Zimmern, welche der Herr Professor in eine Abtheilung von Statuen, geschnittenen Edelsteinen, Steinschriften und künstlichen Instrumenten bringet, findet man gar merkwürdige Beobachtungen. Der berühmte Spohn, den man wohl den Antiquitäten=Factor der Engländer in Rom nennen konnte, hat diese Wissenschaft fast in ein Lehrgebäude gebracht.

gebracht. Die Statuen, welche,
nach des Herrn Professors Meinung
durch das Wort Bildseulen nicht
recht ausgedruckt werden, theilet er
in ordentliche und eigentliche Statuen in Ansehung der Materie,
Grösse und Kleidung ein. So viel
ist gewiß, daß die Bildseulen von
je her ihre Unterthanen, so gar ihre
verliebten Buhler und Anbeter gefunden haben. Anfangs machte
man sie von Holz, oder aus Thon.
Die hölzerne Latona, welche dem
Parmeniskus die Gabe des La-
chens, die er in Trophons Höhle
verlohren hatte, wieder verschafte,
verräth die schlechte Geschicklichkeit
der Meister Hand. Die Götter der
Römer waren, da noch Armuth,

Tugend

Tugend und Unschuld bey ihnen
herrschete, von Holz oder aus Thon.
Als man, spricht Seneka, bey
Göttern von Thon schwur:
Und Tibull bestärket es:

Tunc melius tenuere fidem, cum pau-
pere cultu
Stabat in exigua ligneus æde Deus.

Nachher führeten die Rom zu-
fliessenden Reichthümer den prächtigen Götterdienst ein, daß auch der
feineste Marmor aus Paros, welcher in dieser Anweisung, vielleicht
aus Versehen, öfters parisischer ge-
nennt wird, zu den Bildseulen noch
zu geringe war. IV. Bey den Bil-
der-Sälen bemerket der Herr Professor die Gemählde, Holzschnitte
und

und Kupferstiche, auch die Handriß-
se und Zeichnungen. Man muß doch
wohl der Geschicklichkeit der alten
Mahler nicht viel zugetrauet haben,
daß man ihnen, Menschen-Gestalten
zu mahlen, eine Zeitlang verboten
hat, denn sie hiessen Thierzeichner.
Des alten griechischen Mahlers Al-
cimachus nackender Dioxippus,
der mit dem bewafneten Macedo-
nier ringet, und sich bis zur Verwunderung auf die Nachwelt erhalten hat, und andere alte egyptische
Mahlereyen geben augenscheinliche
Zeugnisse, wie weit die Alten von
den Neuern in dieser Kunst übertroffen worden sind. Unsere Mahler = Academien bemühen sich um
die Wette, ihren Wahlspruch; daß
der

der Pinsel eines Mahlers, wie man
von Aristoteles Griffel saget, in
Verstand getunkt seyn müsse, zube=
haupten. Die Königliche Gallerie
zu Dresden enthält ohne Zweifel ei=
nen Schatz von Werken der größten
Meister, der vielleicht alle Galle=
rien übertrift. Die Stratonicka,
von Gerhards Lairesse-Hand, im
Cabinet des Herrn von la Boixie=
res wird an Erfindung, Composi=
tion und Colorit von allen Künst=
lern in Paris für eins der vorzüg=
lichsten Stücken gehalten. V. Bey
den Naturalien=Cabinetten, als
den Schatzkammern der Wunder
des allmächtigen und weisesten
Schöpfers, giebet der Herr Profes=
sor ebenfalls die nöthigen Anweisun=
gen

gen, wie man alles in den dreyen
Reichen der Natur beobachten müs=
se. Bey Betrachtung der **Mu=
mien** berühret er insonderheit auch
in Deutschland eine Art von unver=
weßlichen Leichen. Man findet im
Königlichen Cabinet zu Dresden
zwo Mumien von einer Manns=
und Weibsperson, welche beyde un=
versehrt erhalten worden sind. Die
erstere mag vielleicht die einzige in
ihrer Art seyn, die nach Europa ge=
bracht und bekannt worden ist. Man
kan von ihnen eine gelehrte Beschrei=
bung in des Herrn H. R. **Winkel=
manns** Gedanken über die Nach=
ahmung der Griechischen Werke in
der Mahlerey und Bildhauerkunst
lesen. VI. Bey den vielerley zu den

Kunst=

Kunstkammern aus dem Reiche
der Natur und kunstgehörigen Merk=
würdigkeiten bringet der Herr Pro=
fessor viele gute Anmerkungen unter
andern vom chymischen Golde und
von dem in unsern Tagen bis zur
höchsten Feinigkeit getriebenen Säch=
sischen Porcellain an. Die grossen
prächtigen und kostbaren Stücke,
so man von diesem Porcellain ver=
fertiget hat, haben die Bewunde=
rung der Welt auf sich gezogen,
und wär der ernstliche Anschlag, des
Königs Statue in Lebens = Grösse
zu Pferde daraus zu bilden, nicht
durch mancherley Umstände der Zeit
gestöhrt worden, so würde Sachsen
der Nachwelt gewiß ein neues
Wunder der Kunst vor Augen ge=
stellt haben.

Die=

Dieses ist es, was man dem geneigten Leser von der Geschichte und dem Inhalt dieser Schrift in der Kürze zu melden nicht hat ermangeln wollen, in Hofnung, daß er solches und unsere dabey zufällige Gedanken gütig beurtheilen wird. Frankfurt im Hornung 1762.

In=

CRXR (o) RXR

Jnhalt.

Johann David
Köhlers,
ITINERARIUM.

PROLEGOMENA.

Es sind hauptsächlich zwey Sachen, die unsere Gelehrsamkeit vollkommen machen: die Erkänntnis, und die Erfahrung. Die Erkänntnis erlangen wir durch den Unterricht der Lehrer. Die Erfahrung erhalten wir durch unser eigenes Nachforschen, und hauptsächlich auf Reisen. Wir treffen freylich auch grosse Gelehrte an, die nicht gereiset sind. Allein dem ungeachtet behält die Meynung doch billig die Oberhand, daß das Reisen einem Gelehrten sehr nothwendig sey. Die beyde kultivirteste Völker, die Römer und Griechen, haben zur Erweiterung der Wissenschaften für höchstnöthig gehalten, andere Oerter zu besuchen, und ihre Gewohnheiten und Künste zu erforschen. Die Römer besuchten hauptsächlich Athen,

A 2 die

die Insel Rhodus, und Marseille oder Mar-
siliam. *Epictetus*, ein Feind aller Eitelkeit,
der nur bloß virtutis studium anpreiset,
sagt: es wäre einem Menschen sehr unan-
ständig, immer wie ein Baum auf seinem
Erdreiche stehen zu bleiben. Man lese Joannis Francisci *Buddei* Dissertat. de peregrinationibus Pythagoræ. *Kriegii* Dissertatio de peregrinationibus Romanorum
academicis. *Walchii* Dissertat. de peregrinationibus Ciceronis. *Berneggeri*
Dissertat. de peregrinationibus Studioso-
rum. Weil Gelehrte hauptsächlich darum
auf Reisen gehen, um ihre Gelehrsamkeit
zu erweitern: so will ich ihnen zeigen, wie
sie sich auf Reisen, als Gelehrte, das,
was hin und wieder zu sehen ist, zu Nutze
machen können. Ich will ihnen zeigen, wie
sie Bibliothecken, Münz-Cabinetter, Antiquitäten-Zimmer, Bilder-Säle, Natu-
ralien-Kammern und Kunst-Kammern, mit
Nutzen besehen, und geschickt beurtheilen
können. Ich gehe also von allen andern,
die bisher von Reisen geschrieben haben, ab.
Neulich hat ein Benedictiner-Mönch,
Oliverius *Legipontius* zu Berlin ein Itinerarium seu Prudentiam apodemicam geschrieben. Mein Collegium soll nicht allein
auf den Nutzen auf Schulen, sondern auch
auf den Nutzen im ganzen Leben gehen.

CAP.

CAP. I.

Von Bibliothecken.

Bücher zu kennen ist allen Gelehrten unentbehrlich. Daher denn auf Reisen die Bibliothecken zuerst zu besuchen sind, wozu grosse Klugheit erfordert wird. Vier Stücke werden dabey zum voraus gesezt: Notitia generalis & specialis de Bibliothecis; Temporis & Legum cognitio, secundum quas Bibliothecæ sunt frequentandæ; Ordo Bibliothecæ; Particularia Bibliothecæ. Wir wollen jezt zuerst überhaupt von Bibliothecken handeln, und hernach den Inhalt, oder die Contenta, derselben durchgehen. Ueberhaupt ist also zu merken: 1.) Die Bibliothecken werden in publicas und privatas abgetheilet. Man muß sich also an einem jeden Orte darnach erkundigen. Oeffentliche Bibliothecken nenne ich diejenige, die grosse Herren, Städte, Universitäten, Gymnasia, oder gelehrte Gesellschaften, errichtet haben. Es ist kein Land, wo nicht einige Fürsten und Stände ihren Unterthanen zu Liebe Bibliothecken errichtet hätten. Auf Universitäten und Gymnasiis müssen sie nothwendig seyn. Ich nenne sie öffentliche Bibliothecken, weil einem jeden der Zutritt dazu verstattet wird.

Sie

Sie sind denen privat Bibliothecken darin vorzuziehen, daß sie auf alle Wissenschaften gehen; weitläuftiger, kostbarer, und beständig sind, und immerfort Zuwachs bekommen. Privat Bibliothecken nenne ich diejenige, die Personen, welche in grossen Würden stehen, und ansehnliche Gelehrte, gesammlet haben. Sie sind den öffentlichen Bibliothecken nicht gleich zu schätzen, weil sie nicht allgemein sind, sondern ein jeder sich dieselbe zu seinem eigenen Gebrauch gesammlet hat, und nur aus Güte andern darbietet; weil sie gemeiniglich nicht vollständig sind, da ein jeder nach seiner Absicht sich Bücher anschaft, weil sie nicht zu allen Zeiten offen sind, auch nicht einmahl zu Paris, da doch so viele Fremde sind, und endlich, weil sie nicht beständig sind: so ist z. E. die Bibliotheck des grossen Parlaments - Präsidenten, Jacobi *Thuani*, ob er gleich deswegen ein Fideicommissum gemacht, doch nicht auf den dritten Mann gekommen. 2.) Eine *generale Notiz* von Bibliothecken kan man aus verschiedenen Büchern erlangen. Hieher gehöret *Galloie* des plus Belles bibliotheques de l'Europe. Des Französischen Jesuiten Ludovici *Jacobi* Buch unter eben dem Titel. *Lohmeier* de Bibliothecis, Utrecht 1586. 8vo. Eine weitläuftige Nachricht von dergleichen
Schrif-

Schriften treffen wir in *Struvii* Introductione in Rem litterariam an. Man verfähret aber noch beffer, wenn man sich die special-Nachrichten bekannt macht. So hat *Conring* eine Epistolam de Bibliotheca Guelpherbytana geschrieben, und nach ihm *Burcardus* in zween Quartbänden. *Marteri* de præcipuis Bibliothecis Parisiensibus. *Crantz* de Bibliothecis Sueciæ. *Bichardus* de Bibliotheca Vindobonensi. *Marteri* Dissertatio de celebrioribus Bibliothecis. 3.) Die Regeln, wornach man sich in Besuchung der Bibliothecken zu richten hat, sind folgende. Wenn ich weiß, wo Bibliothecken sind, so muß ich mich zu rechter Zeit dahin verfügen. Alsdenn muß ich mich um die *Leges* bekümmern, z.E. ob ich ein Buch selbst heraus nehmen darf, und etwas daraus abschreiben, und womit dieses geschehen darf. Darauf muß ich mir die *Catalogos* von den Bibliothecken ausbitten, die entweder locales, nach der Ordnung der Bibliotheck, oder materiales, nach der Materie der Bücher, oder alphabetici, nach der Ordnung des Alphabets, eingerichtet sind. Alsdenn muß ich hauptsächlich auf die Anordnung der Bücher sehen. Gabriel *Naudæus* ein Medicus, ist zu unsern Zeiten ein großer Bibliothecarius gewesen. Adrianus mus *Baillet* ist ein Bibliothecarius des Cardinals Launoie gewesen. Diese beyde grosse Leute haben sich aber auch nicht vergleichen können, wie man eine Bibliotheck anordnen solle. Ich habe zu Altorf eine Syllogen aliquot Consiliorum de adornanda Bibliotheca drucken lassen. Darin ist ein Anschlag von *Garnier*, einem Custodo der Bibliotheck des Jesuiter-Collegii zu Paris. Ferner des berühmten Dänen, Friderici *Rosgard*, Meynung, wie eine Bibliotheck anzuordnen sey, welcher grosse Geschicklichkeit hat, und viel gereiset ist. Endlich des berühmten Prälaten Justi *Fontanini* Anschlag. Insgemein pflegt man so am besten zu verfahren, daß man die Bibliothecken nach den vier Hauptwissenschaften auch in vier Theile eintheilet. Bey den Theologen macht man die Abtheilung in orthodoxos und heterodoxos, welche letztere allezeit verschlossen sind. Der Jesuiter-Orden theilet die Bibliotheck in Bibliothecam Societatis und Peregrinorum, d. i. in Bücher von Jesuiten, und von andern Gelehrten, ein. Sehr schön ist es, wenn Inscriptiones über den Fächern der Bücher stehen. In vielen Bibliothecken, als zu Leipzig auf der Raths-Bibliotheck, stehen die Bücher in einem Schrank mit Drat überzogen. In Frankreich ist an jedes Bret ein

in seidener oder lederner Vorhang, und an
einigen Orten ein Futeral von Päp über die
Bücher gemacht, um die gleiche Grösse derselben zu erhalten, da denn z. E. die verschiedene Editionen und Formate von einem Buche doch in gleich grossen Pappen stehen.
Das ist es, was wir zuerst überhaupt von
Bibliothecken haben merken müssen.

Nun kommen wir auf die *Contenta* einer
Bibliotheck. Diese sind entweder *Substan-
tialia*, oder *accidentalia*.

Die *Substanz* einer Bibliotheck sind die
Bücher, und diese sind entweder geschrieben, oder gedruckt.

Die geschriebene Bücher können wir
theils überhaupt, theils insbesondere, betrachten.

Ueberhaupt ist von den geschriebenen
Büchern zu bemerken, daß sie, als die älteste, billig oben an stehen, und das kostbarste Kleinod einer Bibliotheck sind, wornach man hauptsächlich auf Reisen zu fra-
gen hat. Ich muß also auch zeigen, wie
sich ein reisender Gelehrter der geschriebenen
Bücher bedienen soll. Man ersparet vieles
Nachforschen, wenn man weiß, wo Ma-

A 5   nuscri-

nuſcripta anzutreffen ſind.　Und da muß man ſich der *Catalogorum* bedienen.　Man leſe hauptſächlich des berühmten Benedicti-ner-Mönchs Bernard *Montfaucons* Bi-bliothecam Manuſcriptorum novam, wel-che einen Catalogum von der Vaticani-ſchen, wie auch von der Bibliotheck der Kö-nigin Chriſtina, die zu der erſtern gefügt worden, und von vielen andern, in ſich enthält, es ſind aber bloſſe Catalogi. Man hat auch einen Anfang von der Bibliotheca Cæſarea Vindobonenſi des *Lambecii* in 8. Folianten, deſſen Nachfolger Daniel *Leſſelius* in einem Folianten einen Catalo-gum Manuſcriptorum græcorum dieſer Bibliotheck geſchrieben. Thomas Schmidt hat einen Catalogum Manuſcriptorum Bibliothecæ Oxonianæ.　Theophilus *Spitzelius* einen Catalogum Manuſcripto-rum Bibliothecarum illuſtrium. *Cypria-nus* einen Catalogum Manuſcriptorum theologicorum herausgegeben. Man hat auch angefangen, einen Catalogum Ma-nuſcriptorumBibliothecæRegiæ Pariſien-ſis zu ſchreiben.　Die Erhaltung und Abſchreibung vieler ſchönen Bücher haben wir in den Abendländern den Benedictiner-Mönchen zu danken. Benedictus ihr Stif-ter, hatte ihnen nemlich anbefohlen, das ora & labora ja nicht von einander zu tren-nen.

nen. Er hatte ihnen auch Handarbeit auf-
gelegt, nemlich das Bücher - Schreiben,
und Garten- und Feldarbeit. Das Bücher-
Abschreiben war aber das vornehmste. Bey
den alten Römern und Griechen schrieben
die Notarii die Bücher ab. Die Mönche
wurden aber nachher hauptsächlich dazu genommen, weil sie nicht in Sæculo leb-
ten. Conf. *Caſſiodorus* in Inſtitutionibus
divinis Lib. 2. Cap. 7. *Montfaucon* de
Studiis monaſticis. Die Mönche sind also damals nicht so faule Bäuche gewesen.
Sie schrieben erſtlich die Heil. Schrift nach
der lateinischen Ueberſetzung des Hieronymi, die Patres, die Libros lyturgicos,
die sie haben muſten, hiſtoriſche Bücher,
wie man denn in jedem Cloſter einen Hiſto-
ricum antrift. *Euſebius* iſt der erſte gewesen unter den Chriſten, der uns ein Chronicon von Erschaffung der Welt an hinterlaſſen, welches *Hieronymus* aus dem Griechischen ins Lateinische überſetzt hat. Das
muſten sie auch abschreiben. Ferner muſten
sie auch abschreiben die Canones Eccleſia-
ſticos, das Corpus Juris, die von den Ara-
bern überſetzte griechische Medicos, und für
die Schulen in den Clöſtern die Auctores
claſſicos. Die Griechische Mönche, die
Baſilius geſtiftet, muſten auch abschreiben,
und

und noch mehrere Handarbeit thun. Alle Manuscripta kommen also aus den Clöstern her.

Insbesondere haben wir bey den ge= schriebenen Büchern 1:) derselben *Formam externam*, 2.) derselben *Formam internam*, zu betrachten, und wenn dieses geschehen ist, so wollen wir 3.) die merkwürdigste *Ma- nuscripta* selbst recensiren.

Bey der *Forma Manuscriptorum exter- na* haben wir so wohl auf den Band, als auf die Grösse der Manuscripte zu sehen.

In Ansehung des Bandes giebt es ge= bundene und ungebundene Manuscripte.

Die gebundene *Manuscripta* haben freylich nicht alle ihre alte Bände mehr. Aber es gibt doch noch viele, die sie noch haben. Und da müssen wir die dreyfache Ligatur der alten bemerken. 1.) Es gibt Bände von Elfenbein. Nemlich die alte Bücher wur= den vor Zeiten auf Pulte gelegt, und an Ketten geschlossen. Man kan sie also auf= schlagen, aber nicht wegnehmen. Auf der äussersten Seite war also eine Elfenbeiner= ne Tafel, die von den Römischen Consu= libus herkam, die ein Enchiridion, worin sie

sie ihre Expedienda zeichneten, in einem
wohlausgearbeiteten Elfenbeineren Futeral,
welches Dyptichon genannt wurde, mit
sich führeten, worauf allerhand Historien
geschnitzt waren. Die Christen liessen erst
ihre Kirchen-Bücher so binden. Alexander *Wilthemius* hat uns eine Nachricht de
Dyptichis Leodiensibus gegeben. Der
Herr *Salig* hat uns von den Hällischen Dyptichis Nachricht gegeben. Johann Christian Leich hat anno 1743. eine Diatriben
de Dyptichis geschrieben. Die Dyptichn
sind nur anderthalb Hand breit. 2.) Die
andere Art der Bände war von goldenen
und silbernen Blechen, die mit silbern
Nägeln befestiget wurden, worauf von ge-
triebener Arbeit eine Biblische Geschichte
war. Zu Regenspurg in dem Stift St.
Emeran ist auf dem Codice quatuor Ev-
angeliorum, welchen Carl der Dicke
schreiben lassen, ein kostbares Involucrum
anzutreffen. Unter den darauf eingefaßten
Edelsteinen findet man oft kostbare geschnittene. 3.) Die dritte Art der Bände war
von Leder. Dieses war die gemeinste Ligatur. Nemlich es wurde ein lederner Band
von Holz mit Jucht überzogen auf die Bücher gelegt, und wurden Pukkeln von Metal oder Silber darauf gemacht. Allein man
findet sehr selten einen solchen Band von
gleichem

gleichem Alter mit der Schrift. Selbst,
wie die berühmte Heidelbergische Bibliotheck
im drenßigjährigen Kriege von dem Leo
Allatius nach Rom gebracht werden solte,
so wurden alle Bände abgeschnitten, um sie
desto besser fortbringen zu können.

Die ungebundene *Manuscripta* sind von
zweyerley Art. 1.) Die älteste sind diejenige, die *in volumine* geschrieben sind.
Die Alten hatten nemlich keine Bücher mit
Blättern, sondern sie schrieben gleichsam
um ein Blatt, rolleten es auf, und legten
es hin, welches ein Volumen war. Bey
den Juden findet man die Thora noch so.
Die Ende waren alle mit langen Stäben
eingefasset, welche Cornua hiessen, und
vorn an der Spitzen hiengen die Tituli.
Wenn die Alten von Büchern reden, so
sind allemahl Volumina darunter zu verstehen. In Italien haben nachher noch viele
Medici in Volumine geschrieben. Vide
Brouwer in Historia Trevirensi Tom. I.
p. 105. 2.) Die andere Art sind die *Libri*
plicatiles. Nemlich das Papier wurde sei-
tenweise gebrochen, und darauf auf beyden
Seiten geschrieben. Der Herr Professor
Schwartz hat anno 1717. eine Disserta-
tion de Libris plicatilibus veterum geschrieben. Daher kommt die Redens-Art: ex-
plicare librum. Die

Die Gröſſe der *Manuſcripte* iſt verſchieden. Die älteſte Manuſcripta ſind in 4to. Weit neuer ſind die in klein Folio, die der Quadraturæ ziemlich nahe kommen.

Bey der *Forma Manuſcriptorum interna* haben wir zu ſehen 1.) auf die Materie, worauf, 2.) auf den *Liquorem*, womit, und 3.) auf die Sprache, in welcher, ſie geſchrieben ſind.

Die Materie, worauf die Manuſcripte geſchrieben ſind, iſt zweyfach. 1.) Pergament. Alle alte Codices ſind auf Pergament geſchrieben, welches entweder aus Kalbleder, oder aus Schaafleder gemacht iſt. Daher wir Membranam denſiorem, craſſiorem, und tenuiorem, antreffen. Die erſtere iſt die älteſte. Ob der König Attalius zu Pergamus das Pergament zuerſt erfunden habe, iſt ungewiß. Das Pergament war ſehr wohlfeil. Es muſte aber erſt geglättet, und mit Linien bezogen werden. In alten Codicibus iſt es denſior, in neuern, als in Codice pandectarum Florentino, tenuior, welches wie Poſtpapier iſt. 2.) *Charta*. Quævis materia ſcripturæ capax ward vor Zeiten Charta genannt. Conf. *Hugo* de Origine Artis ſcribendi. Charta wird in Niliacam ſeu

Nilo-

Niloticam, Corticiam, Bombyſinam, und Linteam, eingetheilet. Charta *Nilotica*, die *Papyrus* hieß, iſt verlohren gegangen. In Egypten war eine Pflantze, die Papyrus hieß, wie Flachs, deren Fäserchen die Alten Creutzweiſe auf einander flebten, und darauf ſchrieben. In Egypten konnte man dieſes Papier nicht in gnugſamer Menge anſchaffen, daher man auf die Membrane verfiel. *Tacitus* und *Plinius*, nebſt andern, handeln davon. Die Staude iſt noch in Egypten. *Montfaucon* in Palæographia græca. Lib. 2. Cap. und *Lambecius* in Bibliotheca Vindobonenſi wollen auch noch einige Stückgen davon gefunden haben. Nach der Nilotica machten ſie *Corticiam*, von zuſammengeflebten birkenen und lindenen dünnen Häutgen, die aber trocken und zerbrechlich wurden. Man trift zu München noch einige Stückgen davon an. Das Evangelium, das in dem Grabe Caroli Magni ſoll gefunden ſeyn, und darauf von den Kayſer bey der Crönung geſchworen werden muß, ſoll in Charta Corticia ſeyn. Es kam auch in Orient Charta *Bombycina* oder *Gottoxia* auf, welche aus einem frutice lanigero, und alſo von Baumwolle, gemacht wurde. *Salmaſius* ad Plinium hat weitläuftig davon gehandelt. Dieſes war Charta

den-

denſa, und ſehr weiß. Der Alcoran, und die meiſten Codices græci ſind darauf geſchrieben. Im eilften und zwölften Sæculo hörte es auf, und man ſchrieb auf Membrane. Dem folgte Charta *Lintea*, oder unſer heutiges Lumpenpapier. Es iſt gewiß eine groſſe Wohlthat GOttes, daß dieſe Erfindung zu Stande gekommen. Denn die Pergamente wurden ſehr koſtbar. Die undankbare Welt hat aber deſſen Erfinder verſchwiegen, ſo daß der Canzler von *Ludewig* ein Præmium auf deſſen Kundmachung geſetzt. Dieſe Erfindung iſt nicht vor dem zwölften oder dreyzehenten Sæculo zu Stande gekommen. Die Codices Manuſcripti ſind alſo entweder auf Corticia, oder Bombycina, oder Lintea Charta, geſchrieben, und den letzteren werden die Membranacei, als ältere immer vorgezogen. Die Bücher wurden daher auch erſt auf Pergament gedruckt. Die Lintea Charta übertrift aber doch alle andere Arten. 5

Der *Liquor*, womit die Manuſcripte geſchrieben ſind, iſt hauptſächlich vierfach. 1.) Mit ſchwarzer Dinte ward am meiſten geſchrieben, weil das Papier weiß war. Die Alten hatten aber ganz andere Dinte. *Plinius* hat in ſeiner Hiſtoria naturali Lib. 30. Cap. 6. von der Dinte der Alten eine

B. beſon-

besondere Abhandlung geliefert. Er sagt, sie
sey von der Galle eines Fisches, ... genannt, oder von dem Ruß der Oefen, oder
Kinrus, gemacht worden, den sie mit Wasser und Gummi temperirten. Sie ist aber
mit der Zeit verschossen, und je älter ein
Codex ist, je mehr hat die Dinte, besonders in den Membranis, von ihrer Farbe
verlohren. Doch beobachtet man dabey,
daß, wenn die Membrana nicht gnug po-
lirt gewesen, die Dinte mehr eingedrungen,
und noch stärcker ist. In Charta Bombycina ist sie aber weit schöner geblieben. 2.)
Mit rother Dinte, welche Minium, Men-
nich, genannt wird, schrieben sie nur die
Titel der Bücher und der Capitel. *Ovidius* verbiethet seine Libros trittium so abzuschreiben: nec Titulus Minio, nec - - -
Charta notetur. Am Rande schrieb man
auch wohl mit rother Dinte. Nicht aber
ganze Bücher. In neueren Zeiten hat man
die rothe Dinte besser zu machen gewust,
und die Anfangs-Buchstaben roth gemacht.
Daher die Rubricæ kommen. In den ersten gedruckten Büchern machte man auch
Anfangs-Buchstaben roth, oder bunt, und
die Leute, die es machten, hiessen Illumina-
tores. Vom zwölften Sæculo findet man
bey dem Titel und den Anfangs-Buchstaben
auch blau, das sehr schön aufgetragen ist.

Vor

Vor grüner und gelber Farbe hat man
sich in alten Zeiten in acht genommen. z.)
Hatte man die goldene und silberne Dinte.
Die Alten hatten die Kunst Chrysogram-
miam, die erst mit dem Christenthum aufgekommen ist, da man die Bibel und Ev-
angelien-Bücher so hoch gewürdiget, sie auf
diese Art zu schreiben. Man nahm reines
Gold und Silber darzu, das noch heut zu
Tage gut ist. Man findet ganze Evangelia und Bücher der Heil. Schrift so geschrieben. Das schönste findet man zu Re-
gensburg zu St. Emeran in der Sacristey,
welches zu Arnulfi Zeiten geschrieben worden. In der Königl. Bibliotheck zu Paris ist ein Codex Bibliorum, welchen Ba-
silius Macedo zu Constantinopel so schreiben lassen. In andern Büchern sind die
Titel, die Anfangs-Buchstaben, und der
Name GOttes, mit Golde oder Silber geschrieben. Die Alten überzogen das Pergament mit Purpur-Farbe, und darüber
setzten sie das Gold. Die Ehestiftung des
Kaysers Ottonis II. mit seiner Gemahlin
Theophania ist so geschrieben, und wird zu
Gandersheim gezeiget. Dieses ist schön zu
den Zeiten des heiligen Hieronymi im Gebrauch gewesen, da er in der Vorrede
über den Hiob darauf schimpft. Man sagt,
diese Kunst sey verlohren gegangen. *Mont-*

B 2 *faucon*

faucon hat aber in der Palæographia græca Lib. 1. Cap. 1. verschiedenes aus griechischen Scriptoribus aufgezeichnet. Nemlich die Chrysographi stiessen erst Men-
nich in Mörser, und mischten es mit Eyer-
weis, schrieben damit die Buchstaben auf
das Pergament, und trugen darauf das
Gold, das sie mit einem Wolfszahne po-
lirten. Das 4.) was wir bey der Dinte
zu beobachten haben, sind die *Picturæ*, die
entweder mit einer oder mehreren Farben gezeichnet sind, und uns das, was in den
Büchern vorkommt, vorstellen. In der
Kayserlichen Bibliotheck zu Wien ist so ein
schöner Codex Bibliorum, mit allen Biblischen Gischichten. *Lesselius* führet ihn
nach dem *Lambecio* an. In der Bibliotheca Ambrosiana zu Mayland ist die Ilias
Homeri so geschrieben. In dem *Terentio*
Vaticano sind alle Maßken der Comödien
abgezeichnet. In dem bekannten Sachsen-
spiegel ist das ganze Sachsen-Recht in
Bildern vorgestellet. Es ist auch ein
Bayerisches-Recht so vorgestellet. Zu
Florenz ist der *Hesiodus* mit allen Instru-
mentis agrariis abgezeichnet. Zu Bres-
lau hat der Französische Historicus, *Frois-
sard*, alle Geschichte mit solchen mit der Feder gezeichneten Bildern gezieret. Der Kayser Wenzel hat alle seine Fata so aufzeich-
nen

ßen laſſen. Solche Codices ſind nun ſehr
hoch zu halten. Bey der Dinte iſt 5.)
noch zu merken, daß viele aus unnöthigem
Fleiße die Buchſtaben mit neuer Dinte
überzogen, und den Ruhm des Alterthums
dadurch verdorben, worüber ſich *Montfau-*
con und *Mabillon* ſehr beſchweren. Z. E.
zu Erbach auf einem Dorfe, gieng ein Of-
ficier mit dem Dorf-Prediger ſpazieren, und
fand ein vor dem Dorf ſtehendes Creutz
vom Winde umgeworfen; wie ſie nun das
Loch reinigten, worin es geſtanden, ſo fanden ſie unten einen alten Zettel, vom neunten Sæculo, worauf geſchrieben ſtand, daß
der Abt *Eginhartus,* Caroli Magni Secretarius, mit ſeiner Gemahlin das Creutz dahin ſetzen laſſen; da aber die Schrift Alters
halber ſehr verloſchen war, ſo machte ſich
der Pfaff darüber, und überzog dieſes vortrefliche Alterthum mit neuer Dinte, und
ſchickte es mir zu.

Die Sprache, in welcher die Manuſcripte geſchrieben ſind, iſt entweder Lin-
gua mortua oder viva. Linguæ *mortuæ*
ſind die, die keine Nation mehr zu ihrer
Mutterſprache hat. Dergleichen ſind ſo
wohl in Orient, als in Occident geweſen.
Unter den Orientaliſchen wird die Ebräi-
ſche Sprache nicht mehr als eine Mutter-

B 3 ſprache

ſprache geredet. Zu den Occidentaliſchen
gehören die Griechiſche und die Lateiniſche Sprache. 1.) Die älteſte griechiſche
Codices Manuſcripti, die wir heut zu Tage noch haben, ſind vom ſechſten Sæculo.
Montfaucon, der groſſe Reiſen deshalben
gethan hat, ſagt in ſeiner Palæographia
græca, und in ſeiner Bibliotheca Coisliniana, daß die älteſte Codices mit Litteris
uncialibus, oder groſſen Buchſtaben, geſchrieben wären. Die groſſen Buchſtaben
findet man auch noch in den Inſcriptionibus. Sie heiſſen Litteræ unciales, von
Uncia, welches ein Nomen Menſuræ bey
den Alten iſt. Die Uncia war der zwölfte
Theil von dem Aſſe, und ſie ſelbſt wurde
wieder in zwölf Theile getheilet. Das Wort
ward auch in Abmäſſung der Länge gebraucht, und da war ein Daum der halbe
Theil einer Uncia. Die Griechen theilten
ihre 24. Buchſtaben in zwölf Unzen ein, und
hatte alſo ein jeder Buchſtab eine halbe Unze. Wir finden das Wort ſchon bey dem
Hieronymo in der Vorrede von dem Hiob,
die er im vierten Sæculo geſchrieben. Man
richtete ſich darin nach den alten Inſcriptionibus und Münzen, da die Materie, worauf die alte Codices geſchrieben geweſen,
ſehr zerbrechlich geweſen. Man nannte dieſe Buchſtaben auch quadratas und rotun-
das,

das, weil man einen Zirkel machen muſte,
wenn man ſie richtig machen wolte. Da=
von findet man aber wenige Codices, und
Montfaucon hat auf allen ſeinen Reiſen nur
30, und auch dieſe faſt alle unvollkommen,
gefunden. Vom ſiebenten, achten, und fol=
genden Sæculis findet man die Buchſtaben
zwar quadratas, aber kleiner, und mit Ac-
centibus und Spiritibus. Die Buchſta=
ben ſind auch alle aneinander gehänget, wel=
ches bey den Uncialibus nicht war. Je
neuer die Codices ſind, je elender werden
die Buchſtaben, und finden ſich dabey auch
Puncta und Commata. Nach dem neun=
ten Sæculo kommen auch viele Abbreviaturen vor, welche die Tachygraphi erfun=
den haben. Im dreyzehenten Sæculo findet
man lauter kleine und zuſammengezogene
Buchſtaben. Bey den Griechen war eine
Schreiber=Zunft, die ſich in calligraphos
und tachygraphos abtheilte. Welches in
Alexandrien, auf den Inſeln, und in den
Clöſtern geſchahe. In Calabrien und Si=
cilien ſind auch viele geſchrieben. Je jünger
die Codices ſind, deſto mehr Notas und
Abbreviaturas trift man in denſelben an.
Montfaucon hat davon Nachricht gegeben.
Wir haben Notas rhetoricas, muſicas,
arithmeticas, aſtronomicas, u. ſ. f. Nach
der Eroberung der Stadt Conſtantinopel

B 4　　　　　kamen

famen viele Griechen nach Italien, daher
eine solche Menge von griechischen Manuſcriptis mit dahin gekommen. Dieſe Codices græci ſind entweder blattweiſe, oder in
Columnis geſchrieben. Das letztere thaten
ſie, wegen der Geſchwindigkeit, lieber. 2.)
Die lateiniſche Codices Manuſcripti haben mehr Unterſcheid in ihrer Schreibart.
Die alte Münzen und die Inſcriptiones zeigen uns die älteſten Buchſtaben. Die vom
fünften Sæculo ſind auch mit uncialibus
quadratis und rotundis Litteris geſchrieben. Die Curſiv - Schreibart kam erſt
bey dem Einbruch der fremden Völker auf.
Als die Weſt = Gothen im ſechſten Sæculo,
und nachher die Ooſt-Gothen, kamen, ſo hatte man Litteras latinas Gothicas. Im
ſiebenten und achten Sæculo kam die Scriptura Longobardica auf, die lang und
ſchlecht war. Im neunten Sæculo entſtand
die Scriptura Francica, welche beſſer war.
In Anglia, als es Chriſtlich war, kam
Scriptura Anglo-Saxonica auf. Conf.
Hickeſii Theſaurus Linguarum ſeptem-
trionalium. Indeſſen haben doch die Nach-
kommen der Lateiner eine kleinere reine
Schreibart behalten. Nachher wurden in
den Clöſtern eigne Leute, die Bücher ab-
ſchreiben muſten, beſtellet, denen man auf-
trug, die Bücher mit groſſen oder kleinen
Buchſta-

Buchſtaben zu ſchreiben. Bey allen dieſen
Veränderungen der lateiniſchen Schreibart
wurden doch die Unciales Litteræ beybehal-
ten, die man Capitales oder Capitulares
nannte, weil man damit die Capitula anfieng, und ſie ſchön mahlte. Dieſe Litteræ Capitulares hatten keine certam Ma-
gnitudinem, ſondern ſie waren oft ganze
Seiten groß. Eine andere lateiniſche
Schreibart kömt aber in Diplomatibus,
und eine andere in Codicibus vor. Kein
Diploma iſt mit Capitular-Buchſtaben geſchrieben, ſondern alle mit Curſiv-Buchſta-
ben. Sie ſind lang und kraus gezogen, aber
doch curſiv. Der berühmte Abt Gottfried, im Cloſter Gottwich, in Oeſterreich, hat ſich Mühe gegeben, dieſen Unterſcheid zu zeigen. Je jünger die lateiniſche
Codices ſind, deſto mehr Abbreviaturen
haben ſie, ſo, daß ſie auch zu Juſtiniani
Zeiten ſchon eingeriſſen waren, da Juſtinia-
nus verbiethen muſte, die Libros Juris ſo
zu ſchreiben. Es iſt bekannt, daß Tiro,
der Libertus Ciceronis, Notas erfunden.
Aber man trift doch keine alte Codices davon an. Die alte Codices haben das a
und e voneinander geſetzt. In neueren Zeiten wolten ſie nicht einmahl ein æ machen,
ſondern nur ein e. Die Alten hatten auch
kein kleines s. ſondern lauter lange ſ. Wir

finden

finden auch die alten Codices græcos &
latinos ab utroque latere scriptos, und in
Columnen geschrieben, und hinten stehet die
Zeit, da der Codex geschrieben ist, und ein
Fluch wider die, die was hinzu setzen würden, ein Wunsch aber für des Abschreibers
Seele, weil es ihm so sauer geworden, den
Codicem abzuschreiben. Da wir nun bisher so wohl von der Forma externa, als interna, der geschriebenen Bücher gehandelt
haben, so müssen wir nun drittens die merk-
würdigsten Manuscripta selbst anzeigen.

Was die merkwürdigste *Manuscripta*
selbst, die wir noch haben, betrift, so müssen wir erst überhaupt etwas davon geden-
ken, und alsdenn insbesondere dieselbe
durchgehen.

Ueberhaupt sind die merkwürdigste
Manuscripta, die wir noch haben, entweder *anecdoti*, oder *editi*. Die Codices
anecdoti sind in nicht geringer Anzahl an-
noch vorhanden. Doch sind sie sehr selten
zum abschreiben zu erhalten. Nicht allein
in der Kayserlichen, sondern auch in der
Bodleiana, und in verschiedenen Italieni-
schen Bibliothecken, sind sie in grosser Anzahl. In der Coisliniana, die der Parisischen einverleibet worden, waren 42. Codices

dices Manuſcripti græci. Nach den Anoc‹
dotis fragt man am allererſten und ſorgfäl‹
tigſten. Nach denen Editis fragt man nur
darum, um ſie mit den gedruckten Exem-
plaribus conferiren zu können.

Insbeſondere wollen wir die merkwür‹
digſte Manuſcripta, die wir noch haben,
in gewiſſen Claſſen abtheilen, und alſo 1.)
Von Bibliſchen, 2.) Von Griechiſchen,
3.) Von Lateiniſchen, 4.) Von Teut‹
ſchen, und 5.) Von Orientaliſchen Co‹
dicibus munuſcriptis reden.

Unter den berühmteſten Bibliſchen Co‹
dicibus manuſcripris ſtehet 1.) billig oben
an: Biblia græca Vaticana LXX inter-
pretum. Alle Kenner müſſen eingeſtehen,
daß ſie kein älteres Buch geſehen haben.
Der Papſt Sixtus V. hat Sorge getragen,
daß die andere Codices mit dieſen conferi‹
ret, und daraus verbeſſert wurden. 2.)
Codex bibliorum Bibliothecæ Colberti‹
næ N. 3084. Es fehlen darin 24. Blät‹
ter. Er iſt auch einer von den älteſten Co‹
dicibus. 3.) Codex bibliorum Bibliothecæ Cæſareæ Vindobonenſis. Dieſer
iſt auf Membrana purpurea mit goldenen
und ſilbernen Buchſtaben geſchrieben. Doch
iſt das erſte Buch Moſes nicht ganz complet
darin

darin.   4.) Der ſogenannte Codex Ale-
xandrinus novi Teſtamenti Bibliothecæ
Bodleianæ in Anglia.   Der Codex iſt
dem Könige von Engelland von dem *Cyril-
lo* geſchenkt worden.   Man ſagt, er ſey von
der heiligen Decla unter dem Diocletiano
geſchrieben.   Man ſchließt aber aus einer
angefügten Nachricht, daß er nur auf ihren Befehl geſchrieben worden.   Er iſt ganz,
und iſt auch noch die Epiſtola Clementis,
nebſt dem Hymno Angelico, und andern,
mit dabey.   Die Schreibart iſt aber nicht
gar zu rein.   Daher Richard *Simon* das
für halten wollen, der Codex wäre dem
Schreiber in die Feder dictirt worden. Der
Codex iſt daher der allerbeſte nicht.   Caſi-
mirus *Utinus* hat ihn in Diſſertationum
triade ſehr verachtet, welches aber Erne-
ſtus *Grave* nicht leiden wollen.   *Maſtricht*
hat in den Prolegomenis ad novum Te-
ſtamentum weitläuftig davon gehandelt.
Man will 5.) behaupten, daß in dem Cabinet des Herzogs von Florenz das Original von dem Evangelio Johannis wäre. Der
Magliabecchi ſagt, es wäre auch mit Litteris uncialibus und goldenen und ſilbernen
Buchſtaben geſchrieben.   Einige behaupten
auch 6.) aber mit Unrecht, daß das Evangelium Marci im Original noch in Italien
vorhanden ſey, da doch *Mabillon* beobachtet,

tet, daß es ein Codex latinus gewesen, ob
er gleich so verdorben ist, daß man kein
Wort verstehen können.

Von den Griechischen Codicibus ma-
nuscriptis ist das Psalterbuch am meisten
abgeschrieben worden, wovon wir zu Paris, Florenz, Wien, München, viele finden. Unter den Patribus græcis sind des
Gregorii Nazianzeni Schriften sehr oft abgeschrieben worden. Unter den Medicis
ist der *Dioscorides* de Plantis am meisten
abgeschrieben, wovon wir den ältesten Codicem zu Wien haben, welcher anno 595.
geschrieben ist. *Montfaucon* in Palæographia græca und *Lambecius* geben Nachricht davon. Der *Busbequius* hat ihn anno 1500. von einem Juden für hundert
Ducaten erhandelt, und dem Kayser ge-
schencket. In der Augustiner Bibliotheck
zu Florenz wird auch vom *Dioscoride* ein
schöner Codex gezeiget, der dem Jano *Par-
rhasio* vor Zeiten gehöret hat. Der dritte
davon ist zu Paris in der Königlichen Bibliotheck. Unter den Philosophis findet
man am meisten die Codices *Platonis* abgeschrieben. Der Ordo Librorum trift aber
in keinem mit dem andern überein. In der
Vaticanischen Bibliotheck ist der beste. Es
ist aber doch von einer neueren Hand etwas
dabey

dabey geschrieben. Es ist zu bedauren, daß
die Historici græci nicht so viel abgeschrieben
sind, weil die meiste Abschreiber Geistliche
waren. Die meiste davon sind Mutili. Die
Poeten sind sorgfältiger abgeschrieben worden. Die Historici mögen auch wohl zu
stark gewesen seyn, daß man sie also von
verschiedenen hat abschreiben lassen.

Es gibt weniger alte lateinische Codices, als griechische. Die Abendländer, und
besonders Italien, wurden zeitig durch die
Barbaren verwüstet. Man bedenke nur
die Verwüstung Roms unter dem Könige
der Vandaler, Genserich. Die Heruler,
die Ost-Gothen, die Longobarden, wüteten
darin. Die lateinische Mönche waren theils
zu träge, theils zu abergläubisch, heidnische
Bücher abzuschreiben. Das Aufkommen
der Buchdruckerey ruinirte die Codices völlig, da sie fast weggeworfen wurden, wie
man dann mit denselben andere Bücher ein-
band. Der Herr Professor Schwarz in
Altorf, und auch ich, haben eine ganze
Collection von solchen Bänden gesammlet,
da wir fast von allen alten Auctoribus Stücke gehabt. Die Goldschläger haben auch
das Ihrige zum Ruin der Codicum manuscriptorum mit beygetragen. Denn sie
müssen die Ducaten auf altem Pergamente

legen,

legen, und man kan bey ihnen immer das
Pfund um zwey Thaler kauffen. Ich habe auf diese Art fast den ganzen *Terentium*
gerettet. Das dünngeschlagene Pergament
brauchen die Franciskaner auf ihrem zer-
peitschtem Rücken. Der älteste Codex latinus ist der *Virgilius* Florentinus, der in
der Bibliotheca Ecclesiæ sancti Laurentii
zu Florenz, die auch vom Cosmo Medices
gesammlet worden, und worin noch 3000.
alte lateinische Manuscripta sich befinden,
anzutreffen ist. Es hat ihn der Curtius Rufus Apronianus, ein Patricius und Consul zu Röm, im dritten Sæculo, gehabt,
welches er selbst hinten eingeschrieben. Er ist
in Membrana Litteris quadratis geschrieben. Aelter ist kein Codex anzutreffen. In
der Vaticanischen Bibliothek sind auch
zween uralte *Virgilii.* Einer ist mit Litteris quadratis geschrieben. Der andere aber
ist jünger. Angelus *Politianus* hat darin
geschrieben, daß er keinen älteren gesehen habe. In eben dieser Bibliotheck ist der *Te-*
rentius in gros Quart, mit grosser Cursiv-
Schrift, und gemahlten Maßken; wie auch
der erste christliche Poet, *Prudentius*, mit
Litteris uncialibus, anzutreffen. Unter allen sind aber die Pandeckten, die zu Amalphi gefunden worden, am berühmtesten. Der
Kayser Lotharius wolte die Normänner be-
kriegen.

kriegen. Die Pisaner stunden ihm bey, und
eroberten die Stadt Amalphi, da ein Soldat in einer alten Kiste zween Folianten von
den Pandeckten gefunden, und mit
sich nach Pisa genommen. Es ist aber nicht
das Authenticum, das von den Compila-
toribus geschrieben worden; welches viele
Umstände zeigen. Als Pisa von Florenz anno 1406. erobert worden, so hat man sie
nach Florenz auf das Rathhaus gebracht.
Brenkmann ist über der Collation dieser
Pandeckten gestorben, und unser Herr ge-
heime Justiz-Rath *Gebauer* hat seine Manuscripta erhandelt. Unter allen Codicibus
Ecclesiasticis sind die Opera des gelehrten
lateinischen Kirchen-Lehrers, *Augustini*, am
meisten abgeschrieben worden. *Petavius* hatte einen alten Codicem in Papyro Ægy-
ptiaca, oder wenigstens Corticina, der in
die Pariser Bibliotheck gekommen ist. Die
wenigste Römische Manuscripta aber sind
noch mit Römischer Schrift, sondern sie
sind mit Gothischer oder Longobardischer
oder anderer Schrift geschrieben. Den Ma-
nuscriptis werden die mit ihnen zusammen-
gehaltene gedruckte Bücher gleichgeschätzt.

Von teutschen Codicibus manuscri-
ptis findet man wenige. Der älteste sind
des Ottfrieds Evangelia. Der einzige
davon

davon übrige Codex ist in der Bibliotheca .... im Heßischen, aus der sie an den Bischoff zu Aichstädt, und von diesem an den Bischoff von Gotwich in Oesterreich, gegeben worden. In der Vaticanischen Bibliotheck wird ein Exemplar gewiesen, davon gesagt wird, es sey *Lutheri* Uebersetzung der Bibel, von seiner eigenen Hand geschrieben. Es stehet ein lächerlicher Vers dahinter, der *Luthero* ja nicht beyzulegen ist. Die Version selbst ist von **Luthers** seiner ganz verschieden. Das Gebet Manasse endiget sich auch darin sehr verschieden. Es ist dieses Exemplar mit der Heidelbergischen Bibliotheck nach Rom gekommen. Man gibt vor, daß in dem Closter St. Emmeran zu Regenspurg viele Manuscripta von alten teutschen Helden = Gedichten vorhanden wären. Es ist aber falsch, wie ich es selbst befunden, da ich mich sorgfältig darnach umgesehen.

Zuletzt müssen wir die **Orientalische** Codices Manuscriptos betrachten. Libros hebraicos Manuscriptos haben wir weiter keine, als Codices Bibliorum veteris Testamenti. Alle andere sind von neuerer Schrift. Man sagt zwar, daß in der Dominikaner Kirche zu Bononien ein von dem *Esra* selbst zusammengetragener Codex

C

vete-

veteris Teſtamenti wäre. Allein *Mont-*
faucon und der pere *la Bat*, der ſelbſt ein
Dominikaner iſt, zeigen, daß es nur die
fünf Bücher Moſes, und zwar vom vierze-
henten Sæculo, ſind. Sie ſind auch nicht
in volumine geſchrieben. Sie werden aber
doch als ein Heiligthum aufbehalten. In
Teutſchland treffen wir in der Miniſterial-
Bibliotheck zu Erfurt viele ſchöne Codices
veteris Teſtamenti an. Die, die in Spanien geſchrieben ſind, ſind beſſer als die, die
in Italien zu Sonzino geſchrieben ſind. Die
Spaniſche ſind mit Quadraten und deutli-
chen Buchſtaben geſchrieben. In der Ara-
biſchen Sprache treffen wir ſehr viele Codices an. Vide *Herbelots* Bibliotheca
orientalis. In den Bibliothecken zu Leyden, und in der Bodleiana, treffen wir viele an. Die Araber haben alle Wiſſenſchaften, beſonders die Medicin, Hiſtorie, und
Philoſophie, excoliret. Aus den Arabi-
ſchen Manuſcriptis iſt gewiß die Hiſtorie
auch ſehr zu ergänzen. In Syriſcher Sprache haben wir nur einige Patres und Con-
cilia, beſonders des *Ephraim Syri*. Von
Perſiſchen alten Manuſcriptis haben wir
gar keine, von neueren nur wenige. Man
hat auch einige Aethiopiſche Manuſcripta.
Vide *Ludolphi* Æthiopia. Sineſiſche Codices hat man auch). Sie ſind aber gedruckt.

Die

Die gedruckte Bücher folgen nunmehro. Wir wollen dabey sehen 1) auf die erste Drucke; 2) auf grosse Operas 3) auf Libros prohibitos, das sind solche, die die Religion, oder die Obrigkeit, oder die guten Sitten, angreifen; 4) auf Libros connexos in einer gewissen Wissenschaft; 5) auf Libros raros; 6) auf Libros Polygraphorum; und 7) auf Libros futiles.

Die ersten Drucke stehen billig oben an. Man muß sich um dieselbe, als die raresten, sehr bekümmern, weil die Auflagen der ersten Bücher sehr klein waren, und kaum fünfzig gedruckt wurden; und die älteste gedruckte Bücher von unverständigen Leuten erst nicht geachtet, auch nicht alle Drucke in fremde Länder ausgebreitet worden sind. Ist also ein Buch vor dem Jahr 1500. gedruckt, so ist es rar. Wir haben nun bey den zuerst gedruckten Büchern, theils auf die Rudimenta Artis Typographicæ, theils auf die Incunabula derselben, theils auch auf die Bücher selbst zu sehen. 1) Rudimenta Artis Typographicæ nenne ich die, die von ganz in Holz geschnittenen Platten abgedruckt worden, wie jetzo die Kattunen. Man druckte Litteris connexis. Laurentius *Kosterus* hat damit zu Haarlem Anno 1428. angefangen. Man hält das Specu-

C 2   lum

lum humanæ Salvationis, und die Artem memorandi per Figuras Evangeliſtarum, für die rareſten Monumenta. Der Julius Cæſar *Scaliger* hatte das Horologium beatæ Mariæ Virginis, welches auf Perga, ment abgedruckt worden, und ſehr rar iſt. *Maittaire* in Annalibus typographicis Tom. I. pag. 13 - 17. ſagt, daß der Graf Pembrock in Engelland vier ſolche auf Pergamentene Tafeln abgedruckte Bücher gehabt habe. Das war aber nur eine Formſchneiderey; keineswegs aber eine Buchdruckerey, die mit abgeſonderten Buchſtaben geſchiehet. 2) Die Buchdruckerey iſt erſt in der Mitte des fünfzehenten Sæculi Anno 1440. erfunden worden. Es meynen zwar einige, die Sineſer hätten ſie zuerſt erfunden, und von denen ſey ſie auf die Europäer gekommen. Allein, iſt man wohl damahls zu Schiffe nach Sina gegangen? Ich glaube nicht. Man hat in keinen Ländern, als in Teutſchland und Holland, ſich um die Buchdruckerey zuerſt bekümmert. Nur komt es darauf an, in welchem von dieſen beyden Landen dieſe Kunſt ſey erfunden worden. Die Holländer eignen die Erfindung ihrem Laurentio *Koſtero* zu. Ich habe aber ſchon angemerkt, daß dieſer ein bloſſer Formſchneider geweſen. Er druckte nur ſeine Form auf einer Seite ab, und klebte

die

die Blätter zusammen. Wir müssen also
vielmehr sagen, daß die Buchdruckerkunst
in Teutschland sey erfunden worden. In
Teutschland selbst hat man sich über den eigentlichen Ort der Erfindung gestritten. Einige sagen, sie sey zu Strasburg; andere,
zu Maynz, erfunden worden. Vor Strasburg hat *Schilter*, wie auch *Speklin* in seiner Strasburgischen Chronick gestritten.
Sie können aber kein anderes Buch aufzei-
gen, als von anno 1444. eine Bibel, in
welcher nichts von der Erfindung stehet. *Tri-
themius* hingegen rettet die Ehre vor Maynz,
und er hat recht. Man findet zwar den
Namen des Erfinders in alten Monumen-
tis nicht. Man meynet aber, und zwar
mit Grunde, daß er Johann Sorgeloch
von Gänsefleisch und Guttenberg ge-
heissen habe. Hieraus haben einige drey Männer gemacht. Allein es ist ja noch heut zu Tage bey einigen Mode, drey Namen zu führen.
Sorgeloch war sein Name; im Gänsefleisch war sein Haus betittelt; und Guttenberg hieß sein Gut. Er war aus einer
würklichen Ritterlichen Familie. Vide *Hum-
brachts* Ehre vom teutschen Adel. Die Gelegenheit zur Erfindung ist diese gewesen.
Man machte die Briefe vor Zeiten mit rohem Wachse zu; nicht immer mit rothem,
welches schon für Vornehmere war. Ueber

C 3   das

das Wachs legte man Papier, und setzte
ein Pettschaft darauf. Wolte man nun
das Pettschaft recht abdrucken, so machte
man das Lack naß, und hielt das Pettschaft
über das Licht, da blieb, wenn es abgedruckt wurde, der Grund weiß, und die
Figur schwarz. Dieses verleitete unsern
Guttenberg, ganze Wörter so schneiden zu
lassen, dieselben schwarz zu machen und abzudrucken. Er ließ hernach einzelne hölzerne Buchstaben schneiden, und druckte Bücher mit sehr stumpfen und unebenen Buchstaben. Er überlegte es nachher mit seinem
Nachbarn, Johann Faust, einem Goldschmiede, Buchstaben von Bley und Kupfer giesen zu lassen. Ich wundere mich über
den Locum Ciceronis de Natura Deorum,
da er sagt, die Welt sey nicht aus Atomis
entstanden, und spricht zu dem Ende: Su-
me æneas Litterales , & conjice eas in
Chartam , & vide an una ita oriatur
Vox; daß man nicht auf die Gedancken
gerathen, die Buchstaben von Erz giesen
und abdrucken zu lassen; da man doch den
Alten sonst so viele nutzbare und geschickte
Erfindungen zu dancken hat. 3) Nun müssen wir auch von den zuerst gedruckten Büchern selbst reden. (a) Das erste Buch,
welches zu Maynz von Guttenberg gedruckt
worden, ist nach der alten Cöllnischen Chronick,

nick, und nach *Trithemii* glaubwürdigen
Zeugnisse, das grosse Vocabularium Joannis *a Janua* latinum. Es ist dabey weder Jahr, noch Name, noch Ort, angezeiget. Es wird in der Bibliotheca sanctæ
Genevæ zu Paris aufgezeiget. Dieses scheinet der Wahrheit zwar nicht gar zu gemäß,
daß sich Guttenberg mit seiner Kunst an ein
so grosses Werk gleich gewaget; allein, er
hat dadurch alle in Verwunderung setzen
wollen, wie es viele grosse Männer bezeu-
gen. Das Buch soll dickes Papier, keine
grosse Anfangs - Buchstaben, keine Inter-
punctiones, keine Custodes, haben. (b)
Die lateinische Bibel in zween grossen Folianten, die Guttenberg anno 1450. mit
einzelnen gegossenen Buchstaben gedruckt hat.
Ehe noch zwölf Bogen abgedruckt waren,
hatte das Buch schon 12000. Gulden gekostet. Faust sahe, daß dabey was zu ge-
winnen war, und verschafte dem Guttenberg
Geld. Wie sie aber im besten Drucke waren, verlangte Faust sein Geld wieder; und,
wie ihn Guttenberg nicht bezahlen konte, so
nahm er ihm alles Zeug weg, vollendete
aber den Druck der Bibel anno 1462. Ich
habe das Instrument des Notarii über diese
Streitigkeiten selbst aufgetrieben, und auf
die hiesige Biblio....... Faust
gab mit seinem ....

die Bibel anno 1462. heraus. Dieses
Exemplar ist das erste Buch, da eine
Jahrzahl darauf stehet. Man trift es in
der Bibliotheck zu Franckfurt am Mayn,
und zu Cassel, an. Die andern haben die
Engelländer erhandelt. Das Final ist mit
rothen Buchstaben, und dem Wapen des
Guttenbergs und Scheffers. Der Chur-
Fürst Lotharius Franciscus zu Maynz
wolte zu Geybach eine Bibliotheck anlegen,
und war darauf bedacht, die ersten zu Maynz
gedruckten Bücher dahin zu schaffen. Er
erfuhr, daß sie zu Ebborf im Stifte Eich-
städt wären. Er schickte einen Hofrath dahin, der es ihnen mit List abschwatzte. Doch
schenckte ihnen der Chur-Fürst die Bibliothecam maximam Patrum, die Tomos
Conciliorum omnium, die Acta Sanctorum, ein von Maßiv-Silber gegossenes
Crucifix, und sechs Leuchter, und zwey Fü-
der Bacheracher Wein, der sehr kostbar ist.
(c) Ein Psalterium aus der Bibel, das
von Faust und Scheffer anno 1457. heraus
gegeben worden. Es ist aus dem Bibel-
Drucke genommen, und daher heißt es das
dritte, ob es gleich der Zeit nach eher heraus gekommen. Man gab es, als einen
Prodromum der Bibel heraus, und es
gehörete da hinkin. Es war gleichsam nur
eine Probe. (d) *De Janua* rationale di-
vina-

vinorum Officiorum. (e) Conſtitutio-
nes Clementinæ. 1460. (f) Joannis Bal-
di *de Janua* catholicum. (g) Decreta-
les. (h) Ciceronis Officia & Paradoxa.
1465. welches das letzte Buch von Fauſt
und Scheffer iſt. Nachher breitete ſich die
Druckerey auch in Italien allenthalben aus.
Bey alten Büchern haben wir noch das zu
bemerken, daß ſie nur ganz kleine Anfangs-
Buchſtaben haben, die hernach ausgemah-
let werden ſolten. Sie ſind auch entweder
auf Pergament, oder dickes Papier gedruckt.
Die Pergamentene ſind koſtbar, ſie haben
keine Cuſtodes, nnd ſind auch nicht pagi-
niret. Ein ſolcher Druck dienet freylich in-
ſtar Codicis Manuſcripti, da ſie von Manuſcriptis abgedruckt ſind.

Koſtbare groſſe *Opera* treffen wir in allen Wiſſenſchaften an. Theologiſche groſſe Werke ſind zuerſt die Codices bibliorum
Polyglottorum, davon die älteſte die Biblia Complutenſia ſind, die anno 1516.
gedruckt worden. Weil dieſes der erſte
Druck vieler Orientaliſchen Sprachen iſt,
ſo ſiehet er nicht gar zu ſchön aus. Aldus
Manutius hat davon ſein neues Teſtament
abgedruckt. Man findet dieſe Biblia Complutenſia in der Bibliotheck zu Hannover.
Hernach gab der le Choix zu Paris anno

1541. die Bibel in Arabischer und vielen
anderen Sprachen heraus. Vorher hat
zwar der berühmte Plantinius die Biblia
Antwerpienſia in ſechs Folianten ſchöner,
aber nicht ſo vollſtändig, herausgegeben,
wozu der König von Spanien 50000. Ducaten geſchenket; der Ueberſetzer, *Montanus*,
gerieth aber darüber in die Inquiſition,
weil er von der Vulgata abgegangen war.
Die letzte Biblia Polyglotta ſind des Pria-
mi Waldoni zu London 1666. in ſieben Folianten. Ferner hat man auf die Bibliothecam Patrum, oder auf die Collection der
kleinen Schriften der Patrum zu ſehen, die
der Magerius *de la Ligne* an. 1589. zu Paris
in ſieben Folianten heraus gegeben. Nachher
kam zu Paris anno 1654. in ſiebenzehen
Folianten Bibliotheca magna Patrum
heraus. Endlich iſt anno 1677. zu Lyon
die Bibliotheca maxima Patrum in 27.
Folianten heraus gekommen. Die Collec-
tiones Conciliorum ſind auch ſehr ſtark
und merkwürdig, beſonders die Collectio
Conciliorum maxima, die zu Paris anno
1644. in 37. Folianten heraus gekommen,
und nachher auch in 18. Folianten heraus
gegeben worden. Zuletzt hat der berühmte
Jeſuit, *Hardouin*, eine Collection unter-
nommen, viele Sachen heraus geworfen,
und nur 12. Folianten gemacht; ſeine Edi-
-tion

tion ist aber nicht sehr correct, und mit einem gar zu kleinen Drucke. Anno 1733. hat *Colletus* eine neue Auflage der Collectionis Conciliorum zu Venedig in 21. Folianten heraus gegeben; die jetzt anfängt rar zu werden. Diesem ist das Bullarium Lærtii *Genuini* und Angeli *Genuini* an die Seite zu setzen, darin alle päbstliche Bullen sind. Die neueste Edition ist in 14. Folianten zu Luxemburg von 1723. bis 1740. heraus gekommen. Unter den juristischen grossen Werken stehet billig das berühmte Buch oben an, welches unter zween Titeln heraus gekommen; dem einen: Tractatus Tractatuum, und dem andern: Oceanus Juris. Es bestehet aus 27. Folianten von Glossatoribus und Commentatorius, die der *Cilletus* nach der Ordnung der Pandeckten colligiret hat. Repetitiones Juris civilis & Juris canonici sind zu Lyon auch in 27. Folianten heraus gekommen. Libri Basilicorum *Fabrotti* in 7. Folianten. Unter den Corporibus Juris glossatis ist das Lyonische mit dem Bienenschwarm das beste. Unter den medicinischen Büchern machen *Hippocratis* und *Galeni* zusammen gedruckte Opera, die der *Du Val* in 12. Folianten heraus gegeben hat, ein grosses Aufsehen. Der Hortus Malabaricus macht 12. Folianten aus, und enthält

hält alle Ost . Indische Kräuter mit ihren
Benennungen in sich.   Unter den histori-
schen Büchern ist das Corpus Historiæ
Byzantinæ, welches von anno 1648. bis
1711. zu Paris in 31. Folianten heraus
gekommen, das Vornehmste; es ist zu Venedig in 23. Folianten nachgedruckt, aber
unvollkommen und fehlerhaft, auch mit
kleinerem Drucke, daher die Parisische
Edition den Vorzug behält.   Die Acta
Sanctorum Patrum Antwerpiensia hat
Bollandus anno 1643. angefangen, *Sole-*
rius, *Cuperius*, und andere Jesuiten, haben sie fortgesetzt; das Werck ist nach der
Calender-Ordnung eingerichtet; es ist ein
eigenes Gymnasium deswegen angelegt
worden, darin junge Leute zu Verfertigung
desselben erzogen werden; der Februarius davon ist meist im Brande aufgegangen; es
sind zusammen 40. Folianten.   *Grævius* hat
anno 1704. angefangen die Scriptores Antiquitatum Italiæ heraus zugeben, welche
Sammlung *Burmann* in 10. Folianten
fortgesetzt hat.   *Muratorii* Scriptores Rerum Italicarum Medii ævi, worin er
uns unter andern auch den *Mussæum* wieder gegeben hat, bestehen aus 24. Folianten; und seine Antiquitates Italiæ mediæ
Ætatis, welches auch ein admirables Werck
ist, aus 6. Folianten.   Ferner gehöret hieher

her das vortrefliche Werk: Fœdera, Conventiones, Litteræ, ac cujuscunque Generis Acta publica, inter Reges Angliæ, &c. adcurante Thoma *Rymer*, Londen 1704. - 1717. 17. Folianten; der berühmte Buchhändler im Haag, Neome, hat es anno 1738. in 10. Tomis wieder drucken lassen; die Londensche Edition ist auf der hiesigen Bibliotheck, und ist die beste. Des Petri *Petrusii* Numismata Imperatorum Romanorum Argentea & Aurea, die in dem Münzcabinet des Herzogs von Parma gewesen, in 9. Tomis, ist ein sehr berühmtes Werk, welches nicht in die Buchläden gekommen, sondern nur verschenckt worden; die Vignetten enthalten die neuesten Münzen der Herzoge von Parma.

Libri prohibiti sind in den Bibliothecken gemeiniglich auf die Seite gestellet. Wir haben dreyerley Arten davon. Einige sind deswegen verbotten, weil sie die Religion angreifen, andere, weil sie den Statum civilem turbiren können; und noch andere, weil sie die bonos Mores corrumpiren können. Die Papisten stellen seit dem Concilio Tridentino zu Rom eine Censur der Bücher an. Vide *Franzii* Dissertatio de Indicibus papistarum Librorum prohibitorum.

torum. *Baillet* dans les jugemens des
savans Tom. I. Zu Ingolstadt hat man
eine Defension für die Indices Librorum
prohibitorum. Darin sind drey Classen:
Libri prohibiti sind die, die niemand ohne
Erlaubnis lesen darf; Libri expurgandi,
darin einige Stellen ausgestrichen werden
müssen; und Libri plane abolendi, die
gar verbrannt werden müssen. Sie stehen
auch in catholischen Bibliothecken entweder
in besondern Zimmern, oder in verschlosse-
nen mit einem Gitter verwahrten Borten.
In dem *Augustino*, der in 20. Folianten
heraus gekommen, stehet auf dem Titel:
Omnia fideliter sunt expuncta, quæ pos-
sent Fidelium mentes corrumpere. In
Teutschland wird es aber so scharf nicht gehalten, und darf das Corpus Recessuum
Imperii nun auch von den Catholicken nicht
mehr unter die Libros prohibitos referiret
werden, obgleich der Augspurgische Reli-
gions-Friede und andere ihnen nicht gefällige
Constitutiones darin sind, weswegen sie
vormahls die Freyheit hatten, es dahin zu
referiren. Man behält in Bibliothecken die
Libros prohibitos, so wie in den Apothe-
cken die stärksten Gifte, zu einem guten Gebrauch auf. Man hat nach den heiteren
Zeiten der Reformation wahrgenommen,
daß auch die ärgste und verderblichste Bücher

cher gewisser massen Nußen schaffen können.
Wir müssen nun 1) einige derselben nennen,
die die Religion angreifen. Dahin gehören:
Julii Cæsaris *Vanini*, der zu Touloule anno 1619. verbrannt worden, Amphithea-
trum Providentiæ divinæ, Lyon 1615.
Idem de admirandis naturæ Reginæ omnium Rerum arcanis, Paris 1616. Michaelis *Serveti*, eines Spanischen Medici,
den der *Calvinus* zu Geneve anno 1553.
verbrennen ließ, und dessen Geschichte der
Herr Canzler von *Mosheim* sehr gründlich
ausgeführet hat, Libri septem de Trini-
tatis Erroribus; ein schändlicher und ge-
winnsüchtiger Lutherischer Prediger in Regenspurg, der bekannte Superintendent
Serpilius, hat dieses schändliche Buch wieder nachdrucken lassen, und theuer verkauft.
Petri *Pomponatii*, eines Mantuaners, der
anno 1525. gestorben, Buch de naturali-
bus Effectuum Caussis seu de Incantatio-
nibus seu de Abstrusiori Philosophia,
Basel 1653. darin die Miracula Christi
schändlich erniedriget sind; sein Epitaphium hat er sich selbst aufgesetzt: Hic sepul-
tus jaceo, cur nescio &c. Jordani *Bruni*
Libros, de Caussa & Principio universali,
und de Mundis Innumerabilibus will man
entschuldigen; allein im Spukio de la Bestia
triumphante hat er die Grundlehren der
christli-

chriſtlichen Religion über den Haufen geworfen; er iſt anno 1600. zu Rom verbrannt worden. Das rarkſte iſt des Gui-
lielmi *Poſtelli* la mere Jeanne; er war
Profeſſor Linguarum orientalium zu Paris anno 1664. und wurde nach dem Orient
geſchickt, um ſchöne Orientaliſche Bücher
anzuſchaffen; er ſprach zu Venedig eine
Nonne im Sprachzimmer, und verliebte
ſich in dieſelbe, und zwar ſo ſtark, daß er
behauptete, Chriſtus ſey nur ein Erlöſer des
männlichen Geſchlechts, die Mutter Johanna aber des weiblichen Geſchlechts Erlöſerin:
er wurde deswegen als unſinnig in ein Do-
minicaner-Cloſter geſteckt. Joannis *Bodini*
Colloquium, darin er ſieben Religionen
angreift, iſt auf der hieſigen Bibliotheck.
Alle ſchändliche die Religion angreifende
Bücher ſind von den Italiänern, Spaniern,
und Engelländer, geſchrieben, welches gewiß zu verwundern iſt. 2) Unter die Libros politicos prohibitos gehören folgende: Joannis *Marianæ* Liber de Rege &
Regis Inſtitutione, davon die erſte Edition,
die zu Toledo anno 1596. heraus gekommen, die rareſte iſt; die Franckfurter Edition iſt ſehr gelindert: Conf. *Bayle* im
Dictionaire, ſub Voce: Mariana. Vor
Zeiten rechnete man auch hieher, und in
Oeſterreich thut man es noch heut zu Tage,
des

des *Hippolyti a Lapide*, oder eigentlich Bogislai Philippi von Chemnitz, Buch de
Ratione Status; er verachtete darin das
Oesterreichische Haus wegen des dreyßigjährigen Kriegs, und besonders Ferdinandum II; es ist aber doch sehr viel gutes
darin. Die Schriften für die Wiedertäufer gehören auch hieher; doch sind heut zu
Tage die Wiedertäufer gelinder, und grei-
fen die Obrigkeit nicht mehr an. Ferner
alle Monarchomachi, e. g. Stephani Ju-
nii *Bruti* Vindiciæ contra Tyrannos. *Ma-
chiavelli* und *Hobbesii* Schriften gehören
nicht hieher, weil sie nicht den ganzen Staat
angreifen; jener schildert die Tyrannos Italiæ, und dieser die Tyrannos Angliæ.
Wir kommen nun 3) auf die Bücher, die
deswegen verbotten sind, weil sie die guten
Sitten verderben können. Man nennet sie
Libros Sodaticos, von einem heßlichen
Italiänischen Poeten *Sodate*, dessen schon
Quinotilianus gedencket. Es gehören hieher:
Petri *Aretini* Rationamenti. Hadriani
Beverlandi Peccatum originale. Aloysia
Sygæa. Conf. *Morhoff* in Polyhisto-
re Lib. 1. Cap. 8. *Struvius* in Introduc-
tione in Rem litterariam Cap. 9. *Uffen-
bach* in Catalogo Bibliothecæ, der auch
die Preise mit angesetzt hat.

D　　　　*Libros*

Libros connexos nennet man, wenn alle Bücher von einer besonderen Wissenschaft in einer Bibliotheck beysammen sind, so, daß keines fehlet. In der theologischen Facultät haben die Patres Benedictini ex Congregatione S. Mauri in Spanien sich erstaunende Mühe gegeben, die Patres ecclesiasticos heraus zugeben, und wohl zu erläutern. Wenn nun in einer berühmten Bibliotheck nur eins davon fehlet, so ist die Bibliotheck in diesem Stücke noch nicht vollkommen. In *Jure* muß heut zu Tage, da die Humanität so hoch gestiegen, daß man die Leges nicht mehr ex Glossis, sondern ex Antiquitatibus & Linguis, erkläret, die ganze Sammlung von Humanisten, *Alciato*, *Brissonio*, *Cujacio*, &c. da seyn. In der Medicin müssen auch viele griechische Medicis, als die Fontes, da seyn; ferner die Historia naturalis muß complet da seyn, und besonders *Aldrovandi* Theatrum metallicum. In den *Humanioribus* müssen alle alte Scriptores vom *Homero* an da seyn, und, wenn die Bibliotheck pretiös seyn soll, so müssen die Editiones in Usum Delphini vorhanden seyn. In der Historie müssen alte Corpora Historicorum omnium Gentium da seyn, davon die Engelländische Sammlungen sehr kostbar sind.

Unter

Unter raren Büchern verstehen wir hier
nicht solche, die etwa in ein und andern Orte nicht mehr zu bekommen sind, sondern
solche, die überhaupt in allen Landen selten
anzutreffen sind. Von den Ursachen der
Rarität der Bücher lese man *Weidleri* Dissertatio de Caussis raritatis Librorum.
1) Die Bücher, die von vornehmen Herren
geschrieben sind, werden für rar gehalten,
weil sie wenige Exemplaria davon drucken
lassen. Der König in Frankreich Ludovicus XIIII. hat ein Stück des ersten Buchs
aus dem Julio *Cæsare* de Bello gallico in
seiner Jugend übersetzt, oder vielmehr sein
Præceptor, welches sehr kostbar gedruckt,
aber selten zu finden ist. In Teutschland
hat der Herzog August zu Braunschweig-
Wolfenbüttel unter dem Namen Guitavi
Seleni zwey Bücher heraus gegeben: ein
Buch vom Schachspiel, anno 1616. und
eine Cryptographie, oder die Kunst, verborgen zu schreiben, Lüneburg 1624. Fol.
die sehr rar sind. Sein jüngster Sohn,
Ferdinand Albrecht, der Stifter des jetzigen Wolfenbüttelschen Hauses, war sehr
gelehrt; er hatte aber das Unglück, wegen
seines verdrießlichen Humeurs immer vexi-
ret zu werden; er trat in die fruchtbrin-
gende Gesellschaft, und bekam darin den
Namen des Wunderlichen; er hatte zu

D 2 Bevern

Bevern eine eigene Buchdruckerey; aber seine Verwandte haben seine Bücher nicht in
die Welt kommen lassen wollen, weil sie
sehr poßierlich waren; und doch habe ich das
rareste davon erhascht, welches von seinen
Reisen handelt, und folgenden Titel hat:
Wunderliche Begebenheiten in der wunderlichen Welt, durch den Wunderlichen
in der fruchtbringenden Gesellschaft aus eige-
ner Erfahrung wunderlich erfahren, und
wunderlich heraus gegeben, 1678. 4to.
Man hat freylich auch gemeinere Bücher
grosser Herren. E. g. Herzogs Anton Ul-
richs, eines Bruders des vorigen, Ara-
mena und Octavia. Der Graf *Khevenhül-
ler*, der dreyer Kayser Geheimerrath und
Ritter des güldenen Vließes, auch Kayserli-
cher Ambassadeur gewesen, schrieb Kaysers Ferdinandi II. Leben; diese Annales
Ferdinandei wurden in zehen Folianten,
theils zu Regenspurg, theils zu Wien, gedruckt, aber nur 50. Exemplaria, von denen der König von Pohlen nachher ein- für
1000. Rthlr. bezahlte; hernach gaben seine
Anverwandte das Manuscript des eilften
und zwölften Theils noch dazu, und liessen
es in zwölf Folianten drucken, die alle sehr
richtig und schön, und jetzt sehr wohl zu
haben sind. 2) Viele Bücher sind Auctoritate publica unterdruckt, und deswegen
rar

rar worden. Unter Kayser Carolo VI. gab
der berühmte Pater *Petz* zu Nürnberg
1731. 8vo: Revelationes venerabilis
Agnetis Blumbeckin & Vitam, Auctore
anonymo, heraus; dabey verschiedene andere Dinge angefüget sind; im 38. und 39.
Capitel stehet: Ea aliquando scire deside-
ravit cum lacrymis & mœrore, ubi-
nam esset præputium Christi, ut millies
illud exoscularetur & saperet & digitis
servaret; und an einem anderen Orte stehet, daß eine verhurte Aebtißin zween Engel zu Wehemüttern gehabt; daher von
Wien aus ein Befehl an den Buchdrucker
kam, daß er sogleich alle Exemplaria dahin schaffen solte, die dann in dem Jesuiter-
Collegio heimlich verbrannt wurden; der
Kayserliche Leib-Medicus entdeckte es; dieses Buch ist also erschrecklich rar. Francisci de *Bossier* Stemma Ducum Lotha-
ringiæ & Berry ist auch eines der raresten
Bücher; es kam anno 1580. zu Paris
heraus; der König Henricus ließ es verbrennen, weil *Bossier* darin behauptete, das
Lothringische Haus wäre vom Carolingi-
schen Hause entsprossen, und der Capetingische Stamm hätte dem Lothringischen
das Königreich Frankreich entrissen; dadurch er ein Kriegsfeuer zwischen Frankreich und Lothringen anzünden wolte. Joan-

D 3   nis

nis Georgii *Korbii* Diarium Itineris in
Moſcoviam Ignatii de Garnier, Legati
Cæſaris Leopoldi, kam zu Wien anno
1689. heraus; der Rußiſche Kayſer Petrus I. wolte auf ſeiner erſten Reiſe von
Wien aus nach Maltha gehen, um den
Schiffbau zu erlernen; er muſte aber bald,
wegen einer entſtandenen Empörung, in ſein
Land zurück eilen; daher ſchickte ihm der
Kayſer Leopold den Garnier nach, der verſchiedene Angelegenheiten mit ihm abma-
chen ſolte; in dieſer Reiſebeſchreibung ſind
nun auch die erſchreckliche Exſequutiones,
die der Rußiſche Kayſer über die Aufrührer
ergehen laſſen, mit beſchrieben, mit beyge-
druckten Kupfern; daher nahm der Kayſer
die Ausgabe dieſes Buchs ſo ungnädig,
daß alle Exemplaria verbrannt werden muſten. Das ſehr rare Pontificium Arela-
tenſe des Petri *Saxii* iſt auf der hieſigen
Bibliotheck; es iſt zu Aix en Provence
anno 1600. in klein Folio heraus gekommen; der Auctor hat darin den alten Ne-
xum des Römiſchen und Arelatiſchen Reichs
gezeiget; deswegen ließ es der König von
Frankreich gleich confiſciren; *Mencke* hat
es aber in Tomo primo ſcriptorum Rerum germanicarum wieder drucken laſſen.
3) Wegen gräßlicher Druckfehler ſind auch
einige Bücher unterdruckt, und dadurch rar
worden.

worden. *Erasmi* Roterodami Vidua Chri-
ftiana ad Mariam Reginam Hungariæ,
Bafel 1529. 8vo; in der Vorrede hat der
Buchdrucker bey den Worten, mente illa
femper effe, quæ talem Feminam dece-
ret, aus mente illa, Mentula gemacht;
daher diefe Ausgabe unterdruckt worden.
Muretus hat einen Hymnum auf die Vermählung der Herzogin von Florenz gemacht, da hat der Buchdrucker bey den
Worten, quis unquam vidit tales Nup-
tias, den kurzweilichen Fehler begangen,
und gefetzt: tales ineptias. 4) Einige Bücher find deswegen rar geworden, weil fie
nicht völlig haben dörfen abgedruckt werden. Zu Dresden fiengen die Cryptocalvi-
niften anno 1589. eine Bibel mit Gloffen
heraus zugeben an; das Werk ward aber
confifciret, fo daß es nur bis auf die Bücher der Könige gedruckt ift; diefes Stück
findet man nur zu Dresden, Leipzig und
Gotha. Der gelehrte Herzog Auguft zu
Wolfenbüttel ließ eine neue Ueberfetzung der
Bibel durch *Sabaudium* machen; er ließ
fich aber durch den Lerm der Wittenbergi-
fchen Theologen daran verhindern, fo daß
es nur bis auf das 17te Capitel des Buchs
Samuel gedruckt worden. Des Friderici
Hortleders Urfachen des Krieges Caroli V.
gegen die Schmalkaldifche Bundsgenoffen,

D 4
　　　　　　　　　　　　　　　　　　in

in zween Folianten, sind bekannt; als er am dritten war, so wolten die Herzoge von Wolfenbüttel, daß die Unruhen, die Herzog Heinrich von Wolfenbüttel erregt hatte, nicht solten bekannt gemacht werden; der Herzog von Sachsen-Gotha muste auch bey seinem Bruder, dem Herzogen von Waymar, ausmachen, daß sein geheimer Secretarius *Hortleder* die Feder niederlegen solte; der Herzog Ernst von Gotha wurde aber so eifrig, daß er den *Hortleder* selbst zur Rede stellete, und aus heftigem Zorn ihn mit seinem grossen Stockknopfe zu Tode stieß. Ludovicus XIIII. hat seine Lebensgeschichte in Medailles bringen, dieselbe abdrucken und beschreiben lassen. Der König von Preussen Fridericus I. wolte ihm darin nachahmen; ihm wurde dazu der grosse und geschickte *Cramer* recommandiret; das Werk ward aber zu kostbar, daß also nur 14. Blätter davon gedruckt worden. 5) Einige Bücher sind deswegen rar, weil der Brand die meisten Exemplaria davon verzehret hat. Hiehin gehöret Joannis *Blaeu* Atlas magnus; er war ein Kupferstecher zu Amsterdam, sein ganzes Haus und Officin mit der Sammlung von Landcharten brannten auf; daher dieser Atlas sehr rar ist. Hieronymi *Henniges* Theatrum genealogicum in 4. Tomis 1598. Fol. ist zu Magdeburg

deburg in der Belagerung faſt ganz im
Feuer aufgegangen, doch iſt es auf der hieſigen Bibliotheck complet anzutreffen. Olai
Rudbekii. Joannis *Hevelii* Machina cœ-
leſtis, 1671. Dieſer groſſe Aſtronomus hatte eine ſchöne Kupferſtecherey zu Danzig anlegen laſſen, die aber im Brande aufgieng,
daher von dieſem Buche nur zwey Exemplaria gerettet worden, und 20. hatten die
Buchführer ſchon; der König von Frankreich Ludovicus XIIII. gab ihm aber eine
Penſion durch den Colbert. Joannis *Heo-
ding* traité des medailles 1598. Conf.
Eſſai de l'Hiſtoire de Litterature.
6) Einige Bücher ſind deswegen rar geworden, weil ſie an verſchiedenen Orten gedruckt
ſind. Das Diarium Europæum iſt Jahr-
weiſe an verſchiedenen Orten heraus gekommen. Bogislai Philippi von Chemnitz,
eines Geheimenraths des Canzlers Oxen-
ſtirn, Kriege des Königs von Schweden
in Teutſchland, ſind eben deswegen rar geworden, weil ein Theil davon in Stockholm, und der andere in Teutſchland gedruckt iſt. Nicolai *Schattenii* Annales Pa-
derbornenſes; er gab erſt Hiſtoriam Weſtphaliæ heraus, und darauf folgte dieſes
Buch; die Hiſtoriam Weſtphaliæ kan man
faſt gar nicht haben. Von des berühmten
Italiäners Victorini *Siri* Memorie recon-

dite dall' anno 1601. fino all' anno 1640.
ist der erste Band zu Lyon, der dritte und
vierte zu Paris, der fünfte sechste und siebente wieder zu Lyon, und so immer fort, heraus gekommen. Darauf schrieb *Siri* den
Mercurio historicodel currenti Tempi, der
an sechs verschiedenen Orten gedruckt worden; er ist complet in der Bibliotheck des
General Flemmings zu Dresden. 7) Einige Bücher sind aus der Ursach rar, weil sie
niemahls bekannt gemacht worden sind. Unter den theologischen ist des Joannis *Wi-
clefii* Dialogorum Libri quatuor, 1525.
4to das einzige Buch von diesem Feinde
des Pabstes, das gedruckt worden. Hippolyti *Salviani* aquatilium Animalium
Historiæ, Romæ 1528. Fol. darin ein jeder Fisch schön in Kupfer gestochen ist, und
alle Namen derselben aus den alten Auctoribus dabey stehen. Joannis *Wafferburgii*
antiquités de la Gaule Belgique, Paris,
1549. ist eins von den ältesten Büchern, die
zur Lutherischen Historie gehören. Nicolai
Vinnierii chronicon Burgundicum. *Li-
banii* Opera ex Editione Morellii. Dio-
nis *Chrysostomi* Orationes ex Editione
Morellii. Die Deductiones oder Streit-
Schriften in Angelegenheiten hoher und vornehmen Personen gehören auch hieher. Conf.
Lünigs Bibliotheca Deductionum.

Eine

Eine der rareſten iſt die bekannte Deduction, die, als Herzog Heinrich der Jüngere zu Wolfenbüttel, ein Feind der evangeliſchen Religion, die Stadt Goslar unterdrucken wolte, und gegen den Herzog Johann Friderich ein heßliches Buch ſchrieb, gegen daſſelbe von Herzogen Johann Friderich in gar abſcheulich harten Terminis geſchrieben worden; Luther ſchrieb auch gegen den Herzog Heinrich zu ſeiner Verantwortung den bekannten Hanßwurſt, der aber in *Lutheri* Operibus ſehr gereinigt ſtehet. Nicolai *Cilleſii* Defenſio Abbattiæ ſancti Maximini imperalis iſt klein, aber ſehr rar, und iſt gegen den Chur-Fürſten von Trier geſchrieben; ſie ſtehet auf der hieſigen Bibliotheck. Cornelii Duplicii *Scepperi* Apologia Chriſtierni II. Regis Daniæ in Belgium profugi; *Scepper* war ſein Canzler, und defendirte ſeinen Herrn ſehr ſchön; in Dännemark bemühete man ſich äuſerſt, dieſes Buch auszurotten. 8) Es gehören hieher auch diejenige Bücher, deren andere Editiones ſehr geändert ſind. In des Bartholomæi *de Piſis* Libro conformitatum Vitæ ſancti Francisci cum Vita Jeſu Chriſti, Bononien 1590. wird Fol. 72. erzehlet, Franciscus hätte einsmahls im Kelche eine Spinne gefunden, er hätte darauf die Spinne mit dem heiligen Blute hinein

ein getruncken, und hernach sey die Spinne
wieder aus dem Beine heraus gesprungen;
Bayle sagt, dem heiligen Francisco hätte
keine Begebenheit mehr geschadet, als dieses Buch, man trift es auch auf der hiesigen Bibliotheck an; die Franciscaner sind
hernach auch sehr damit aufgezogen worden,
es gründete sich aber dieses Buch auf die
ärgerliche Inscription in den Franciscaner-
Clöstern: Deo Homini & sancto Francisco utrique cruciato. Die erste Edition
von des *Platinæ* vitis Pontificum, die zu
Nürnberg anno 1481. gedruckt worden,
ist auch sehr rar, weil die Päbste darin sehr
durchgezogen worden. Christiani *Trutt-
manni* Expositio Grammatica in Ma-
thæum, Lucam & Joannem; die zuerst
zu Straßburg anno 1514. heraus kam, ist
auch in andern Editionen sehr geändert worden. Von des Petri Arlensis de *Scadalu-
pis* Sympathia septem metallorum & se-
lectiorum Lapidum ad Planetas ist die
Parisische Edition von anno 1614. nicht
castriret. Von des Leonis *van Aitzema*
Saaken van Staat en Oorlogh ist die erste
Edition, die zu Leyden anno 1652. in 16.
Quartbänden heraus gekommen, sehr rar,
und sind viele Niederländische Geheimnisse
darin; die castrirte Edition ist von den Ge-
neralstaaten veranstaltet, und in sechs Folianten

lianten in S. Gravenhage anno 1669 v
1672. gedruckt worden. 9) Ferner werden
diejenige Bücher rar, davon wenige Exemplaria gedruckt worden, welches theils propter Impensas, theils propter Ambitionem geschehen. Hieher gehöret: le Mascu-
rat, davon die erste Edition zu Paris anno
1649. die andere 1654. heraus gekommen,
sie sind beyde auf der hiesigen Bibliotheck,
es ist eine Apologie des Cardinals Maza-
rin, beyde Editionen sind unentberlich wegen der Zusätze, und überhaupt ist das
Buch sehr nützlich in der Historie. Pas-
quillorum Tomi duo, Eleutheropoli,
1594. der Auctor davon ist Cœlius secun-
dus *Curio*. Simonis *Okolsky* orbis Polo-
niæ, der zu Crakau heraus gekommen, handelt von Pohlnischen Edelleuten, er ist auf
der hiesigen Bibliotheck. Endlich 10) gehören auch die mit zu den raren Büchern,
die in fremden Sprachen sind gedruckt worden, z. E. in Virginischer, Ceylonischer,
auch in Rußischer Sprache, da in Rußland
lange nur eine Buchdruckerey zu Kiow gewesen, daher die Rußische Bibel, die auf
der hiesigen Bibliotheck ist, sehr rar ist,
auch die Bibel, die der Zaar Peter in Holland drucken lassen, ist rar, weil die meisten
Exemplaria davon im Schiffbruch verlohren gegangen. Die Englische Societas de
propa-

propaganda Religione Christiana hat viele Bücher in Virginischer Sprache drucken
lassen, und dieselbe nach Virginien geschickt.
Die Ungarische Bücher, ob sie gleich lateinische Buchstaben haben, und also leicht
gedruckt werden könten, sind doch sehr rar.
Orientalische sind nicht so rar, und alle zu
Rom bey der Congregatione de propaganda Fide zu sehen.

Unter den *Libris Polygraphorum*, die
gleichsam Helluones Librorum gewesen,
stehen *Alberti Magni* Schriften billig oben
an, die in der Lyonschen Edition in kleiner
Schrift 21. Folianten ausmachen. *Tho-
mæ Aquinatis* Schriften machen in der Parisischen Edition von anno 1633. 24. Folianten aus. Alphonsi *Tostati* Schriften,
Paris 1637. bestehen in 28. Folianten, da
er doch nur 40. Jahr alt geworden. Ich
rede von den Leuten, deren Werke einzeln
heraus gekommen, und da man keine Col-
lectiones davon hat. Athanasii *Kircheri*,
der in dem 76. Jahre seines Alters zu Rom
gestorben, Schriften sind sehr rar. Pros-
per *Farinacius*, ein berühmter Jurist, hat
viele juristische Schriften hinterlassen, und
besonders die Jurisprudentiam criminalem
sehr erläutert; der Pabst Benedictus sagte
von demselben: Farinam quidem bonam
esse,

effe, fed non Saccum, i. e. Auctorem, weil er viele rabuliſtiſche Streiche gemacht hat. Der berühmte franzöſiſche Juriſt, *Tiraquellus*, hat dreyßig Kinder und dreyßig Bücher in die Welt geſchickt, und zwar jährlich eins.

Libri futiles ſind, die von beſonderen nichts werthen Materien handeln. Z.E. das ABCDarium Marianum, welches zu Madrit anno 1648. heraus gekommen, darin nach dem ABC Lobſprüche der Maria enthalten ſind. Ein erſtaunendes Buch in 60. Folianten iſt des Joſephi Belidor *de Sala* Ritters von St. Jacob in Spanien, Archi chronographia, wozu Philippus IIII. die Unkoſten hergegeben, es iſt blos aus andern Schriften zuſammen geſchmieret, und es gilt des *Ariſtotolis* Spruch davon: magnus Liber, magnum Malum.

Die *Accidentalia* einer Bibliotheck ſind die Ornamenta. Dahin gehören die Inſtrumenta phyſica und mathematica. Conf. *Guarnerii* Catalogus Bibliothecæ magnæ Jeſuitarum Pariſienſis. Die Inſtrumenta ſind ſehr rar, und beſonders die Sphæræ armillares Mobiles, da alle Planeten nebſt ihrem Lauf von Meßing abgebildet ſind, und entweder durch Uhrwerke oder

oder durch Handräder getrieben werden.
Man trift dergleichen zu Leyden und Altorf
an. Ferner gehören hieher Imagines &
Statuæ eruditorum. Conf. *Schreppe-*
ri Imagines & Statuæ Virorum illustri-
um in Bibliothecis. Der berühmte Petrus *Frantzius* hat sich sehr bemühet, die
gelehrte Männer recht schön abschildern zu
lassen, die der Herzog Anton Ulrich von
Wolfenbüttel gekauft, und nach Braunschweig ins Carolinum geschenckt hat. Es
gehören hieher auch schöne Land-Charten,
und besonders rare französische Charten, die
von Frankreich handeln. In Italien hat
der Coronelli von Griechenland und Italien schöne Charten stechen lassen. Die Englische sind die rareſten. Die Schwedische
Societät der Wissenschaften läſt auch Charten stechen. Illuminirte Bücher, besonders Historiæ Naturalis, e. g. Kräuter-
Bücher, gehören auch hieher. Ferner illuminirte Wapen-Bücher. Auf der hiesigen Bibliotheck haben wir von *Balliot* das
Inventaire heraldique, mit unvergleichlichen Wapen, darin zum blauen lauter Ul-
tramarinfarbe gebraucht worden, und hat
man allein diese Illuminirung nicht für 500.
Louis d'or machen können. Endlich sind
auch hieher noch zu rechnen die Monumenta der Stifter der Bibliotheck, die manch-
mahl sehr schön ausgearbeitet sind.

CAP. II.

CAP. II.

Von Münz-Cabinettern.

Von den Münz-Cabinettern wollen wir zuerst überhaupt handeln, und alsdenn insbesondere von den Münzen selbst reden.

Ueberhaupt ist von den Münz-Cabinettern zu bemerken, daß ein reisender Gelehrter sich hauptsächlich angelegen seyn lassen muß, dieselbe zu besehen, da sie selten zu sehen sind, weil sie nicht, wie die Bibliothecken, offen stehen, welches die Kostbarkeit derselben auch erfordert. Es ist daher auch nöthig, daß man sich vorher darum bekümmert, was man in einem Münz-Cabinette zu sehen hat, da man es nur selten betrachten kan. Ich will ihnen daher nur zeigen, wornach man sich in einem Münz-Cabinette umsehen soll, und worauf man hauptsächlich acht zu geben hat. Sehr selten sind Münz-Cabinetter mit Bibliothecken verknüpft zu finden. Wir wollen hier (I.) bemerken, daß die *Numophylacia vel publica vel privata* sind. Die publica gehören Königen, Fürsten, und ganzen Republicken. Die privata haben sich Privat-

E   Perso-

Perſonen zu ihrem Gebrauch angeſchaft. Die publica ſind freylich die ſchönſten, wegen der Koſten, die darauf verwendet werden können. Indeſſen iſt es auch gewiß, daß man oft in privat Münz-Cabinettern was antrift, das man in publicis vergeblich ſucht, weil es darin auf das Glück ankomt; ſie ſind daher auch nicht vorbey zu gehen. Wir müſſen uns (II.) einen *Catalogum celebriorum Numophylaciorum* bekannt machen, damit wir wiſſen, an welchen Orten Münz-Cabinetter anzutreffen ſind. 1) In Teutſchland iſt das Kayſerliche Münz-Cabinet zu Wien wohl das gröſte. Unter Maximiliano II. und Rudolpho II. hat man angefangen dazu zu ſamlen. Es iſt aber noch nicht völlig in Ordnung gebracht. Es ſind allein über 40000. alte Münzen darin. Carolus VI. hat es ſehr vermehret; er war in der Jugend nach Münzen informiret worden; daher hat er immer, beſonders an alten Münzen, ein Vergnügen gefunden. Es iſt aber kein rechter gelehrter Mann darüber geſetzt. Jetzo ſtehet ein Kammerdiener darüber. 2) Das Münz-Cabinet zu München iſt bey der Belagerung nach Ingolſtadt gebracht worden. Es iſt aber ſchwer zu ſehen zu bekommen, da ein Jeſuit darüber geſetzt iſt. 3) Zu Manheim hat der Chur-Fürſt von der Pfalz ein ſchönes Cabinet,

binet, welches der Chur = Fürst Johann
Wilhelm gesamlet. Conf. Laurentii *Be-*
geri Thesaurus Palatinus. Der Chur=
Fürst Carl Ludwig hatte schon eine gesam=
let, welches aber theils der König in Preus=
sen, theils der Landgraf von Hessen=Cassel,
theils die Madame d'Orleans, geerbet ha=
ben. Johann Wilhelm von Pfalz=Neu=
burg legte es erst zu Düsseldorf an, und
von da ist es nach Manheim gebracht wor=
den. 4) Das Cabinet zu Gotha ist schön,
und leicht zu sehen zu bekommen. Der Her=
zog Erneitus Pius hat es nach dem drey=
sigjährigen Kriege von neueren Münzen ge=
samlet. Andreas *Morellus*, ein grosser
Numismaticus, gab ihm die Anweisung
dazu, wie auch *Schlegel* und *Olearius.* Weil
er keine männliche Erben, aber viele Schul=
den, hatte, so verkaufte er es für 100000.
Rthlr. an Johann Friderich von Sachsen=
Gotha. Es ist sehr ordentlich gesetzt, und
in lauter kleinen Cabinettern, jedes auf ei=
nem Tische, darunter die Bücher, die da=
zu gehören, stehen. Man kan es also auch
leicht aus einer entstehenden Feuersnoth ret=
ten. Es ist ein höflicher und geschickter Mann
darüber gesetzt. 5) Zu Stutgard ist auch
eins gewesen, welches aber nach Ludwigs=
burg gebracht ist. 6) Das Cabinet zu
Berlin ist auch sehr schön. Laurentius

E 2 *Beger,*

Beger, der mit denjenigen Manheimiſchen
Münzen, die der König von Preuſſen als
ein Erbtheil bekam, nach Berlin gekommen,
hat das daſige Münz-Cabinet in Ordnung
gebracht, und eine Beſchreibung davon gemacht.   Der hochſelige König in Preuſſen
hat alle goldene Münzen, deren eine ſchöne
Anzahl da war, auch die von acht Pfund,
die Friedrich Wilhelm der Groſſe gieſen
laſſen, da auf einer Seite er, und auf der
andern ſeine Gemahlin ſtand, und dem
hochſeligen Könige, als ſeinem Sohne, auf
dem Todbette zum Segen gegeben hatte,
heraus genommen, und kleine Münzen davon prägen laſſen. Es ſiehet aber doch noch
prächtig aus.   7) Das Königliche Münz-
Cabinet zu Paris, welches nach *Verſailles*
gebracht iſt, wird für das vollſtändigſte gehalten.   Franciscus I. hat es zu Fontaine-
blau geſamlet, und nachher haben es Henricus I. und Ludovicus XIII. beſonders aber
Ludovicus XIIII. mit erſtaunenden Koſten
vermehret. Es iſt beſonders in franzöſiſchen
Münzen vollkommen, die bis in die Mero-
vingiſche Zeiten gehen.   8) Von Spanien
hat man keine Nachricht.   9) Der verſtor-
bene König von Portugal hat auch vieles
daran gewandt, und groſſe Leute in alle
Länder darnach ausgeſchickt. Man ſehe die
Memoires der Portugieſiſchen Academie.
10) In

10) In Engelland hat der König kein
Münzcabinet, aber die Advocaten haben zu
Londen ein schönes. 11) Bey der Bibliotheca *Gottoniana* ist auch eins. 12) In
Edimburg haben die Advocaten auch eins,
welches sehr schön ist. 13) Der König von
Dännemark Christianus III. hat ein unvergleichliches Münz-Cabinet gesamlet, welches *Jacobsen* beschrieben hat. 14) In
Schweden fiel der König Carolus XI. darauf, ein Collegium Antiquitatum Gothi-
carum anzulegen, dazu auch Münzen gesamlet wurden. 15) In Polen ist nichts.
16) In Rußland, welches sehr zu verwundern, auch nicht. 17) In Italien hat
ein jeder Hof, eine jede Republick, ein Münz-
Cabinet, nur der Pabst nicht; die päbstliche Nepotes nehmen auch alles weg. Der
Herzog von Savoyen, von Mantua, von
Modena, von Parma, welches nach Florenz gekommen, und besonders auch der
Herzog von Florenz. Wir wollen (III.)
eine kleine *Historiam Numophylaciorum*
prämittiren. Die Münzen aller Völker
machen ein grosses Stück der Gelehrsamkeit
aus, und sie sind mit von den ältesten Denk-
malen aller Zeiten. Daher hat man in
neueren Zeiten für die Erhaltung derselben
billig Sorge getragen. Vor allen andern
hat der berühmte Ezechiel *Spanheim* das

vor-

vortrefliche Buch de Ufu & Præstantia Numismatum geschrieben. Es werden Münzen von den ältesten, mittlern und neuern
Zeiten, welche letztere wir von anno 1500.
anrechnen, aufbewahret. Es haben zwar
nicht alle Münz-Cabinetter diese Münzen
aufzuzeigen, und besonders sind die von den
mittleren Zeiten rar. Es sind aber doch
diese drey Abtheilungen zu machen. Die
Instauratores Litterarum haben sich hauptsächlich darum bemühet. Man muß sich
auch um die Metalle der Münzen bekümmern. Es gibt goldene, silberne, und kupferne Münzen. Die goldene sind immer
rar. Man muß auch auf die Grösse sehen.
Es gibt Numos primæ, secundæ, und
tertiæ Magnitudinis. Numi primæ Magnitudinis sind Medailles. Die andere sind
vulgair. Man hat meistentheils auf zwey
Seiten der Münzen zu sehen. Doch gibt
es auch einige einfache Münzen, die zur Noth
geschlagen worden. Die erste Seite, und
zwar die Hauptseite, heißt avers, die andere revers oder Rückseite. Der avers
enthält gemeiniglich ein Bildnis eines grof-
sen Herren; der revers ein anderes Bild.
Endlich hat man auch wohl darauf zu sehen,
ob die Münzen auch wohl conserviret sind,
die wie ein Phönix zu achten sind, da sie
sehr leicht durch das Commercium abgenutzt,

nutzt werden, und je feiner die Münzen sind,
desto eher nutzet man sie ab. Es sind auch
viele Münzen vergraben gewesen, und von
den Dünsten der Erden angegriffen worden.

Was nun insbesondere die Münzen
selbst betrift, so wollen wir sie nach drey
Classen abhandeln, und 1) von den alten
Münzen, 2) von den Münzen aus den
mittleren Zeiten, und 3) von neuen Münzen reden.

Unter den alten Münzen treffen wir
wahre, falsche, und nachgeschlagene
Münzen an.

Von den wahren alten Münzen wollen wir zuerst handeln, und dabey die drey
berühmteste Völker, die Juden, Griechen,
und Römer, nach einander durchgehen.
(1.) Die Juden, das älteste Volk, haben,
wie wir auch aus der Heil. Schrift sehen,
auch Münzen gehabt. Geld und Münzen
sind aber sehr unterschieden. Geld ist alles
Pretium, welches bey allen Völkern im
Gebrauch gewesen ist, und hat den Namen
von Gelten. Das Metal ist erst spät dazu genommen worden. Daß unter der Erden Metal verborgen sey, haben dem Menschen die Metal mit sich führende und aus

E 4 den

ben Bergen kommende Flüsse gezeiget. Die
Alten haben so gar gesagt, daß kein Fluß
wäre, der nicht Goldsand mit sich führete.
Aus dem Rheinischen Goldsande sind die
Rheinischen Goldgulden entstanden. Die
Menschen haben nun das Metal aus der
Erden gegraben, es geschmolzen und nütz-
lich gebraucht. Das Eisen hat der weise
Schöpfer am meisten wachsen lassen, weil
es gar unentberlich ist. Von Gold, Silber, Kupfer, Eisen, bezeichneten die alten
Stückgen mit ihrem Gewichte und Werth,
und nannten sie Monetas, von monere,
erinnern, daß es so viel gelte. Conf. Otto
Sperlingius de Numis non cusis. Die
Morgenländer, woraus alle Länder bevöl-
kert worden, haben Geld gehabt. Es war
mit einem Stempel bezeichnet. Allein von
dem Gelde, das bey dem ersten Tempel der
Juden geschlägen worden, ist nichts mehr
übrig. Die älteste Münzen, die wir noch
haben, sind nach der Babylonischen Gefängnis bey dem zweyten Tempelbau unter
der Regierung der Maccabäer geschlagen worden. Alle älteste jüdische Münzen sind von
den Maccabäern. Hadrianus *Relandus*
hat in seinem Tractat de Numis veterum
Hebræorum, Utrecht 1709. 8vo. mit aller angewanden Mühe doch nicht mehr als
23. zusammen bringen können. Sie sind

von

von Silber und Kupfer, und die älteste ist
von dem Hohenpriester Simon, dessen im
ersten Buche der Maccabäer gedacht wird.
Der Höchste hatte den Juden verbotten, sich
ein Bild zu machen, daher sie die Bilder
immer verabscheuet haben. Jetzt haben alle
Juden den grösten Abscheu vor der Abgötte-
rey, da es doch vor Zeiten, ungeachtet sich
der grosse GOtt ihnen so oft augenscheinlich
offenbarte, anders bey ihnen aussahe. Sie
setzten ein Krügelein mit zween Handgriffen
auf die Münzen. Einige halten es für ein
Manna Krügelein. Ich kan es aber nicht
davor halten, da es einige Juden selbst für
ein Kornmäas halten, als womit sie die
Fruchtbarkeit ihres Landes anzeigen wolten.
Auf der andern Seite stand ein Palmbaum,
oder eine Weintraube, oder ein Weinblatt,
oder ein Bund Kornähren. Die Umschrift
ist mit Samaritanischen Buchstaben, da
der Hohepriester und das Jahr angezeigt
stehet. Bey dem Krügelein stehet entweder
ein Seckel des Heiligthums, oder die heilige Stadt Jerusalem. Zu den Zeiten der
Römer, unter der Regierung der Herodia-
ner, ließ Herodes Antipas Münzen auf
Römische Art schlagen. (II.) Die andere
älteste Nation, die Münzen gehabt hat,
sind die Griechen, da die Münzen anderer
alten Nationen alle umgeschmolzen und um-

E 5   gekom-

gekommen sind.   Wir müssen sie recht kennen lernen.   Griechenland wurde in Euro-
pæam und Asiaticam eingetheilet.   Græcia Europæa wurde in Græciam speciali-
ter & proprie sic dictam , und die Länder
ausser Griechenland, und die Colonien, eingetheilet.   Griechenland war eigentlich das
heutige Morea oder Peloponesus.   Thracia und Macedonia gehörten eigentlich nicht
dazu. Corfu, Cephalon, und andere Inseln, lagen darum.   In Italien hatten die
Griechen den untern Theil, Græcia magna,
und Sicilia.   In Frankreich hatten sie Marseille.   In Asia hatten sie klein Asien, das
war Græcia Asiatica.   Wir haben noch
viele schöne Griechische Münzen, darunter
die goldene sehr rar sind.   Wir haben Numos Regum , Urbium , Coloniarum.
Die älteste Münze ist diejenige , die *Beger,*
Spanheim, und *Wachter* in Archæologia
græca, von einem Phidone, Rege Argi-
vorum, angeben, die auf einer Seiten einen langen Krug mit zween Handgriffen,
und auf der andern einen Namen hat; sie
ist zu Paris in dem Königlichen Münz-
Cabinette.   Wir wollen jetzt die Griechische
Münzen der Könige, der Städte, und der
Colonien, durchgehen.   1) Unter den Griechischen Münzen von Königen sind die ältesten die Macedonischen, und zwar die
aller-

alleraͤlteſte Philippi, Regis, Filii Amyn-
tæ, Patris Alexandri Magni. Davon
kommen viele goldene vor. *Diodorus* Siculus in Bibliotheca græca Lib. 3. ſagt, daß
Philippus die Goldbergwerke in Thracia
ſehr genutzet. Es ſtehet darauf ſein Name
und das Bild der Pallas, und auf der andern Seite ein Loͤwe oder ein Pferd. Nach
dieſem ſind die Muͤnzen des Alexandri
Magni die aͤlteſten, und zwar die mit ſeinem Kopf. *Schleger* Diſſ. de Numo Alexandri Magni ſingulari Typo inſigni,
Hamburg 1737. Sie ſind in allem Metal anzutreffen. Nach Alexandri Magni
Tode haͤuften ſich die Muͤnzen der Koͤnige,
da beſonders ſeines Bruders Philippi Ari-
dæi und Demetrii Polyorcetis Muͤnzen
ſehr rar ſind. Des Koͤnigs in *Thracia*,
Lyſimachi, goldene Muͤnzen ſind nicht ſo
rar, als die ſilberne. Der *Lacius* erzehlet,
daß, als nachher einige Fiſcher in Thracia
haͤtten fiſchen wollen, ihr Netz an einem
Baume unterm Waſſer ſey hangen geblieben, darunter ſie 40000. goldene Lyſima-
chos gefunden haͤtten. Alle guͤldene Muͤn-
zen der Griechen machen ſo viel als 4. Rthlr.
Tetrachmi ſind 8. Rthlr. Man hat auch
zwey zu Paris, die Octodrachmi ſind.
Die Syriſche Koͤnige Seleuci haben viele
Staͤdte nach ihrem Namen erbauet, und auch
viele

viele ſilberne und metallene Münzen ſchlagen
laſſen. Goldene haben ſie wenig hinterlaſſen. Unter den Syriſchen Münzen ſind An-
tiochi VII. und ſeiner Gemahlin Cleopa-
træ, da Capita jugata zwey hinter einander
ſtehen: Die Syriſche Münzen ſind auch
ſehr nützlich in der Chronologie, da die
Zeit darauf ſtehet. Conf, *Noriſius* in Epo-
cha Syro-Seleucidarum. Die Münzen der
Egyptiſchen Könige, der Ptolemæorum,
übertreffen noch faſt die Münzen der Seleu-
corum an Schönheit. Der erſte Ptole-
mæus Sotor iſt nur einmahl in Gold, häufig aber in Silber anzutreffen. Wegen ihrer Zunahmen hat es Mühe gekoſtet, ſie zu
unterſcheiden, da nur auf Ptolemæi III. und
14. Münzen der Zunahme Euergetes und
Philopator ſtehet. Die Münzen der Be-
reniæ und Arſinoe ſind auch ſchön. Aus
den kleinen Aſiatiſchen Reichen, als aus
Armeniæ der Tigranum, ſind rare Münzen; Mitridatis *ex Ponto* ſind nicht ſo rar.
Die Münzen der *Arſacidum* ſind rar. Der
Araber rareſte Königliche Münze iſt Are-
tæ. Hernach ſind von den Königen die älteſten die Syracuſaniſche. 2) Von den
Städten in Griechenland findet man faſt
keine goldene Münzen. Eine einzige goldene kommt oft vor. Sie ſtellet auf dem
Avers drey gehende Perſonas togatas vor;
die

die erste hat Fasces, die andere ist Consul,
und die dritte ein Lictor. Unter der ersten
stehet ein ᴕ, unter der andern κοσον. Auf
dem Revers stehet ein Adler. Man streitet
sehr darüber. Einige halten sie für eine
Münze Hetruriens, Coloniæ Romanæ,
wo man eine Stadt Cose gefunden. Da
wurde aber nicht Griechisch geredet. *Patinus* hält sie für eine Monetam Consularem
Familiæ Juliæ. Was soll aber das Wort
κοσον heissen? *Hardovin* sagt, es wäre eine
Griechische Stadt κοσον, die Augustus Consul anbauen lassen. Es ist also noch nicht
ausgemacht, was sie bedeuten soll. Weil
nun die Städte es für ein regale gehalten
haben, goldene Münzen schlagen zu lassen,
so findet man von ihnen meistentheils silberne und kupferne. Sie sind in grosser Dun-
kelheit, und es stehen wenige Namen darauf,
und viele Götzenbilder. Weil auch so viele
Städte einerley Namen gehabt haben, so
kan man nicht sagen, wem sie beyzulegen
sind. 3. E. Numus Magnesianus, da wir
drey Magnesias haben, eine in Thessalia,
die andere in Asia, und die dritte in Macedonia. Es ist endlich ausgemacht, daß die
mit dem Centauro aus Thessalia, die mit
der Diana aus Asia, und die mit dem
Apollo aus Macedonia sind. 3) Die
Münzen der *Colonien* haben auch Griechische

ſche Buchſtaben, als von der Stadt Sy-
racuſa, und die von Aſia. Die Numi Urbium græcarum ſind nicht ſo gut, zierlich
und fein.   Je gröſſer die kupferne Griechiſche Münzen ſind, einen deſto gröſſern
Punct haben ſie in der Mitte, der von dem
Stempel, wegen mehrerer Sicherheit rund
eingeſchlagen worden.   (III.) Die Römiſche Münzen werden in Conſulares oder
Familiarum, und Imperatorum, eingetheilet.   1) Die Numi *Conſulares* ſind die
rareſten.   Die Römer haben, (nach dem
Zeugniſſe des *Plinii* Hiſt. Nat. Lib. 33.
Cap. 3. der davon, ob es gleich ſehr dun-
kel anzugeben geweſen, die ausführlichſte
Nachricht hinterlaſſen,) unter dem ſechſten
Könige, Servio Tullio, angefangen, Münzen ſchlagen zu laſſen, da Servius Tullius
zuerſt Metal prägen laſſen.   Es iſt alſo
Numa nicht der erſte geweſen, und hat alſo
auch nicht den Namen von Numus. Es
iſt A. V. C. 177. und in der fünfzigſten
Olympiade in dem vierten Jahr, vor Chriſti Geburt 577. und nach Erſchaffung der
Welt 3471. geweſen. *Plinius* meldet, daß,
als Servius Tullius Münzen ſchlagen laſſen, ſo habe er A. V. C. 181. den Cen-
ſum nach Aſſibus eingerichtet. Er ließ kupfern
Geld ſchlagen, welches As librale genannt
wurde, weil es juſt ein Pfund wog.   Es
                                        ward

warb in zwölf Unzen getheilet. Eine Unze
war zwey Loth. Also ein Römisches Pfund
macht 24. Loth. *Varro* sagt, As hiese
so viel, als Als. Andere sagen, As sey von
aes, unus hergekommen. Die Asses waren
dicke und rund, und auf jeder Seite ein
Ochse oder ein Schaaf, Pecus, und ein
I. oder L. anzuzeigen, daß es ein Pfund
wog. Der berühmte *Vallitna* sagt, er hätte davon keins mehr gefunden, Conf. ejus
Præfatio ad Numos Familiarum p. 11.
Spanheim de Usu & Præstantia Numismatum Tom. 3. p. 23. sagt, zu Paris
in der Genevesichen Münzsammlung sey ein
As libralis, und auch in Italien. Ich habe selbst einige gefunden. Ich glaube aber,
daß sie die betrügliche Italiäner nachgegos-
sen haben. Die Haupturſache, warum die
Asses librales abgekommen sind, ist, weil
sie Tempore primi Belli Punici vermin-
dert, und auf ein halbes Pfund herunter
gesetzt wurden. Endlich galt ein As nur
quartam Unciæ Partem, und also nur
den 48sten Theil des Assis libralis. Daher
komt der Unterscheid unter dem As grave.
Man hat in Münz-Cabinettern auch Trien-
tes, Quadrantes, &c. Nachher wurde
auf den Assibus auf einer Seite Janus Bi-
frons, und auf der andern, ein Rostrum
Navis, gesetzt. Diese findet man mehr.

Man

Man fieng A. V. C. 485. Quincto·Ogul-
nio & Cajo Fabio Confulibus, im vierten Jahre der 127ften Olympiadis, und
im 269ften Jahre vor Chrifti Geburt an,
in Rom auch Silbergeld zu fchlagen: denn
vorher hatten fie frembes Silbergeld. Ein
folcher Numus hieß Denarius, weil er de-
cem Libras Æris galt. Man fchlug auch
Quinarios, von quinque Libris Æris.
Sie fetzten Bigas und Quadrigas darauf.
Daher man fie Bigatos und Quadrigatos
nannte. Sie waren von purem Silber.
Livius Drufus fetzte den achten Theil Kupfer dazu. Nachher fetzte man Victoriam
darauf, auf einer Seiten Rom als Bello-
na, und auf der andern Seite die Bigas.
Die goldene fchlug man A. V. C. 547. als
Asdrubal in Italien eingefallen war. Der
Magiftratus und Senatus, unter der Di-
rection der Confulum, lieffen in Æde Ju-
nonis, unter der Aufficht der Triumviro-
rum Rei Numariæ, Münzen fchlagen.
Da entftanden Numi Confulares, die bis
auf Julium Cæfarem gehen. Die mächtige Familien, die Ædiles Currules waren,
lieffen ihre Zeichen darauf fchlagen. Man
findet fie in Kupfer, am meiften aber in
Silber, und am wenigften in Golde. Man
fetzte, wie vorhin, das Bild eines Confu-
lis auf die Münzen. Die Numi Confulares

res Romanorum sind schwer zusammen zu
bringen. Fulvius *Ursinus*, und viele andere, haben sich darum bemühet. *Vaillant*
hat mehr als andere, (die nur 202. gefunden,) nemlich 219. und nur von 56. besonderen Familien goldene, gefunden. In
der Reihe der Familien ist die erste Æbu-
ria, und die letzte Vulteja, nach dem Al-
phabet. In dem Gothaischen Münz-Cabinette haben sie 191. Stücke. Man hat
noch viele Familias incertas, weil die Römer Prænomen, Nomen, Cognomen,
hatten, und doch auf vielen Numis nur das
Cognomen stehet. Bey 180. diverse Namen findet man auf Münzen. In der Fa-
milia Cornelia sind 15. Numi, worauf
nur die Nomina stehen, z. E. Fulvius, Cin-
na, Rufus. Der Name Rufus kommt in
8. Familien vor. Deswegen sind sie schwer
zu unterscheiden. In älteren Zeiten trift
man vor A. V. C. 547. keine goldene an,
und wenn man einige findet, so sind es Re-
stituti, die man erneuren lassen, oder nach-
gegossene. Von dem Pompejo trift man
eine Münze an, mit der Ueberschrift: Pom-
pejus Magnus Pius Imperator. Bey den
Numis Consularibus hat man acht zu geben, wie viele besondere Familien, wie viel
goldene, und wie viel silberne Münzen, da
sind. 2) Die Numi *Imperatorum* sind
                  F   entwe-

entweder Romæ cusi, oder in Coloniis,
welche entweder Lateinisch oder Griechisch geredet haben.   Die Numos Imperatorum
solte man billig von Octavio anfangen, und
bis auf den Heraclium, der anno 641.
starb, rechnen.   In Gold sind sie am schwer-
sten zu finden.   Selbst in dem Königlichen
französischen Münz-Cabinette sind diese nicht
vollkommen.   In Silber sind sie immer
kleiner, und in Kupfer grösser.   Man hat
dabey hauptsächlich auf die Gegenseite der
Münzen zu sehen, aus deren Bildern die
Historie ungemein erläutert werden kan. Die
erste Kayser sind auf feines Metal geprägt.
Nachher hat man sie sehr verfälscht.   Man
nennet sie die Münzen de Bassempire. Man
hat hauptsächlich auf die Seriem Tyrannorum des dritten Sæculi acht zu geben, worunter als ein Phönix anzusehen ist der Numus Aureus Vetranionis. Die Numi Tyrannorum sind in der Historie sehr nützlich.
Daher muß man in einem Münz-Cabinette
die Seriem Tyrannorum ja durchsehen.
Wir wollen nun einige Kayserliche Münzen
anführen.   Der vornehmste Numus ist Otto Æneus, eine kupferne Münze vom Kayser Otto, mit lateinischer Schrift.   Man
weiß aber nicht eigentlich, ob die Münze da
ist; da er nur 95. Tage regieret, und von
dem Vitellio vom Throne gestossen worden. Man glaubt vielmehr, daß der Rath
dem

dem Vitellio zu gefallen, ihm die Ehre
nicht würde erzeiget haben. Es haben viele
angezeiget, daß sie zween Aureos latinos
Numos Ottonis angetroffen. *Chifletius*
hat davon ein ganzes Buch geschrieben. Der
zweyte rare Kayserliche Numus ist von Bes-
cennio nigro, der anno 195. dem Severo
entgegen gesetzt war; er ist in Silber sehr
rar. *Pertinax* hat nur drey Monate regieret. Florianus, der anno 276. nur zwey
Monate regieret, hat doch Münzen hinterlassen. Aber die von Pescennio sind doch
die rarsten. Die Numi Gordianorum,
Patris & Filii, die anno 237. beyde regieret haben, sind auch rar. Von dem Gor-
diano III. sind sie nicht so rar. Gordianus
IIII. aber ist nur erdichtet. Unter die Numos Augustarum gehöret Furia Sabina
Tranquillina, Gordii Gemahlin, die im
Lateinischen sehr rar ist. Die Numi maximi moduli, die die Italiäner Medaillons nennen, sind sehr rar. *Vaillant* behauptet, es wären nach Domitiano keine
geschlagen worden. Diese Medaillons sind
nicht gänge und gebe gewesen, sondern es
waren nur Schaustücke, die zum Staat,
und um verschenkt zu werden, geschlagen
wurden. Post Domitianum finden sie sich
seltener. Doch hat man auch noch einige
von Constantino Magno. Die mehreste
sind von Kupfer, sehr selten von Gold und
F 2 Silber.

Silber. Bey den kupfernen Münzen sie=
het man sehr auf das Æs Corinthiacum.
Man findet nemlich dreyerley Kupfer: Æs,
regulare, welches gereinigt war, und dar=
unter das schönste ist. Æs Cyprium, das
auch Æs fulvum genannt wird; Æs al=
bum, wozu Zinn gekommen; und Æs
Corinthiacum, welches eine hochgelbe Far=
be hatte. Conf. *Plinius* in Histor. nat.
Lib. 34. Cap. Er sagt, es sey Flavum,
und am Werth höher als Silber gewesen.
Es ist eine alte Fabel, daß bey der Belage=
rung der Stadt Corinthus alles Metal zu=
sammen geschmolzen worden, daß die Rö=
mer nicht getr......, und daß daraus dieses
Erz entstanden sey. Es ist vielmehr durch
eine Vermischung, wie heut zu Tage per
Terram Cadmiam das Meßing, so gelb
geworden. Von Tiberio, und andern
Imperatoribus, hat man einige. Man
hat aber das Æs Corinthiacum mehr zu
Gefäßen gebraucht. Unter den Römischen
Münzen haben wir eine rare Art von Numis maximi & medii Moduli, die Con-
turniati hiessen, und einen sehr hohen Rand
hatten. Man streitet sehr darüber, ob der
Rand darum gelötet, oder gepräget sey.
Man findet bey den kupfernen Münzen auch
Alters halber einen Rost, der aber für rar
gehalten wird, und bey den Römischen
                                        Mün=

Münzen sehr schön, nemlich so grün wie ein
Schmaracht, aussiehet. Die Italiäner
haben ihn nachmachen wollen; es ist ihnen
aber nicht geraten. Man findet auch Numos incusos raros, die nur auf einer Seiten erhaben, und auf der anderen flach sind.
Es sind auch einige, worauf per Errorem
Monetariorum zwey Gepräge gekommen
sind. Der Pater *Frolich*, ein Jesuit, hat
davon geschrieben.

Die falschen alten Münzen theilet man
in Numos *pelliculatos* und *tinctos* ein. Die
Pelliculati haben eine Ueberhaut, und sind
entweder *Subærati* oder *Subferrati*, darüber ein silbernes Blättgen gar künstlich gelegt ist. Sie werden hoch gehalten. Man
trift sie bis auf Galieni Zeiten an. *Subferrati* sind rarer. *Savot* hat sie durch Hülfe
des Magnets entdeckt. Man meinet nach
dem Zeugnisse des *Plinii* in Histor. natur.
Lib. 33. Cap. 4. daß der Marcus Antonius triumvir den Betrug erfunden habe.
Weil es Numos subæratos und subferratos gab, so kamen Numi *ferrati* auf, welche kleine Löcher auf den Seiten hatten, damit man erkennen konnte, von was für Materie sie waren. *Tacitus* de Moribus Germanorum sagt, daß die Teutschen sich dadurch vor Betrug gehütet. Die Numi *perforati*

forati, daburch ein Loch geschlagen war,
entdeckten es noch deutlicher, weil oft nur
ein silberner Rand darum gelegt war. Ferrati gehen bis auf Augusti Zeiten. Numi
tincti sind später aufgekommen. Es wird
derselben in L. 8. ff. ad L. Cornel. von
Ulpiano gedacht, und solche Münzer ad
Bestias verdammet. Einige Römer zogen
über die Münzen einen Firnis, als Gold
und Silber. *Chifletius* in Ottone Æneo
sagt, sie wären sehr rar. Man findet auch
noch Numos argenteos Auro obductos,
die nicht tincti können genannt werden.

Man hat auch alte Münzen nachgeschlagen. So findet man falsche Juden-
Münzen, z. E. den Moses mit Widder-
hörnern auf dem Kopf, den König Salomo, die Ruthe Aaraons. Als die Juden
in Griechenland, Asien und Smyrna, das
Münzen gelernet, so haben sie die alten
Münzen betrieglich nachgepräget, mit
schlechterem Metal und gröberem Gepräge.
Da der *Vaillant*, *Patinus*, und andere,
die Griechischen Münzen so illustrirten, so hat
der Schweitzer aus Zürch, der berühmte
Gesner, die Münzen abstechen, und so abdrucken lassen, die aber schlecht gerathen
sind. An Römischen Münzen, die betrieglich nachgeschlagen sind, fehlet es auch nicht.
Es

Es ist mit dem Nachschlagen so zugegangen.
Man hat sie entweder nachgeschnitten, neue
Stempel gemacht, sie gepräget, und für
alte ausgegeben; oder man hat sie nachge-
gegossen. Die letztere sind die gemeinste.
In einer Münzsammlung sind gemeiniglich,
je grösser sie ist, desto mehr falsche und ver-
dorbene Münzen anzutreffen. Man muß
also auch ein Erkänntnis von falschen Münzen haben. Die falsche alte Römische und
Griechische Münzen, nemlich die in neueren
Zeiten im fünfzehenten und sechszehenten Sæculo untergeschoben sind, sind zweyerley.
Sie sind entweder geschnitten und geprägt,
oder gegossen. Die gegossene sind weit älter als die geschnittene und geprägte,
weil man, als die Künste wieder aufkamen,
anfieng, die Münzen zu giesen, und die alten Medaillen abzugiesen. Den Anfang haben die Italidner damit gemacht, die noch
heut zu Tage rechte Münzenbetrieger sind.
Weil die Numi maximi Moduli sehr stark
gesucht wurden, so legten sie sich darauf,
dieselbigen abzugiesen. Sie machten einen
Teich von gebrannten Kälberknochen, die
sie fein stiessen, und subtilen Ton und Gips,
daraus sie eine Form machten. Erst bestrichen sie die Medaillen mit Oel, und stiessen sie in den Teich, liessen die Form trock-
nen, und gossen die Münzen ab. Nachher,

wie

wie die gipferne Formen fehr fprangen, nahmen fie zu den Knochen Ziegelftein-Mehl.
Zuletzt nahmen fie Kreide, Ziegelftein-
Mehl, oder Perlenmehl, und Mufchelfand
dazu. Oft hielten aber die Formen nicht,
und es fehlte was am Gefichte oder am
Bilde; diefes befferten fie nachher mit dem
Grabeifen aus. Wenn aber die Formen
nicht fubtil gemacht waren, fo funden fich
kleine Ritzgen; diefe überfchmierten fie mit
Maftix, und zogen Firnis darüber. Man
trift von nachgegoffenen Münzen mehr in
Kupfer an; viele aber auch in Golde, weil
es fich leicht abgiefen laffen. Daher darunter viele nachgegoffen find. Man erkennet
die Nachgüffe an dem Gewichte. Findet
man ein wahres Original, und einen Abguß, fo ift allemahl das geprägte Original
fchwerer, als der Abguß, weil es durch den
Hammerfchlag fchwerer geworden. Man
findet auch, daß der Raum zwifchen den
Figuren auf den nachgegoffenen Münzen
niemahls fo rein ift, als auf den geprägten.
Ift mit dem Grabeifen nachgeholfen worden, fo ift eine zu groffe Schärfe da, die
bey alten abgenutzt ift. Der Rand ift bey
dem Guß immer gekünftelt, und dem Original nicht gleich, da die alten nicht fo ex-
act rund find. Die gegoffene find noch jetzt
die gemeinfte. Die gefchnittene und geprägte

prägte sind entweder ganz neu geschnitten,
oder alte Medaillen, denen man nachhelfen
wollen. Neue Stempel von alten Medaillen haben besonders vier Männer geschnitten:
Laurentius Parmesanus, Valerius Bellus,
Cavinus, und in Holland Cardron. Von
dem Laurentio Parmesanus, und den andern, will ich keine Apologia führen; aber
den Cavino muß ich vertheidigen. Er war
ein Eisenschneider aus Padua, und ist kein
Betrieger gewesen, ob ihn gleich *Patinus*,
und viele andere, so nennen. Als alle Künste in Italien wieder aufkamen, und die
Künstler ihre Arbeit nach den alten Models
einrichten wolten, so machte er die Münzen
von den 12. ersten Römischen Kaysern nach, die
ihm Marcus *Mantua*, und der grosse Jurist, Alexander *Bassianus*, gaben. Er
wolte nur seine Kunst probiren, und es ge-
lung ihm. Er verkaufte sie für seine eigene, und nicht für alte Arbeit. Er ist daher
billig sehr zu loben. Er liegt zu Padua be-
graben, mit einem schönen Epitaphio, da
er Vir integerrimus genannt wird. Zu Venedig, darunter er stand, sahe man auch
viel zu scharf auf solche Betriegereyen. Hernach fingirte er, auf Angeben des *Bassia-
ni* und des *Marci*, alte Münzen, den Ho-
ratium, Virgilium, Æneam, Dido,
Artemisiam, das Mausoleum, und verkaufte

F 5   sie

sie für seine eigene Arbeit. *Thomaſſinus,*
Urſatus, und andere Paduaniſche Schriftſteller, rühmen ihn billig.   Zu Paris in
der Bibliotheca Canonicorum regularium
sancti Auguſtini der heiligen Geneveva
trift man 50. Stempel von ihm an.   *Mo-*
linet beſchreibet sie Part. 1. pag. 580. Es
hat aber doch andere Betrieger gegeben. Alle neu nachgeprägte Medaillen sind an der
Seite weniger dicker, als die alte, da das
Bild zu hoch geworden; sie sind nicht so
abgenutzt; die Buchſtaben sind schärfer;
der Firnis siehet nicht so gut aus, und haf-
tet nicht; der Rand iſt auch abgefeilt und
gar zu rund.   Auch von dieſen nachgepräg-
ten hat man viele nachgegoſſene, die sich aber
selbſt verrathen.   Kein Schriftſteller vom
Münzweſen gibt die Kennzeichen der falschen
Münzen an, auſſer *Beauvais d'Orleans*
dans l'art de diſcerner les medailles.

Die Münzen aus den mittleren Zeiten hat man sehr ſpät angefangen zu ſamlen, und sie sind daher in vielen Münz-Cabinettern gar nicht anzutreffen.   Sie sind
sehr unförmlich und undeutlich zu erkennen.
Daher hat man anfangs nicht viel darauf
gehalten; man hat sie meiſt verſchmolzen.
In neueren Zeiten aber hat man mehr Sorge dafür getragen. Man rechnet sie vom vierten
und

und fünften Sæculo, da das Abendländische Kayserthum anfieng zu trümmern zu gehen, an, bis zum 14ten Sæculo. Wir wollen sie nach den verschiedenen Landen und Völkern durchgehen.(I.) In Italien waren durch die viele Verwüstungen der Barbarischen Völker, die gute Münzen sehr rar geworden. Daher muste man anfangen, andere zu schlagen, die aber sehr undeutlich geworden sind. Den Anfang des Münz-Schlagens machten die Ost-Gothen unter ihrem Könige Theodorico. Wir haben davon goldene und silberne. Er ließ sie erst nach Art der Römischen Kayserlichen Münzen schlagen, die aber unförmlich wurden. Nachher ließ er auch seinen Kopf mit einer Umschrift darauf setzen. Conf. *Cassiodorus,* Theodorici Secretarius, varior. Lib. 7. Cap. 32. *Peringskiöld* in Notis ad *Cochlei* Vitam Theodorici. Die Ost-Gothische Könige, deren sieben bis auf Dejam gewesen, haben damit fortgefahren. Die Longobarden, welche Italien von anno 568. bis anno 774. beherrschet haben, haben unter 27. Königen noch schlechtere Münzen schlagen lassen. Conf. *du Cange* in Diss. de Numis Byzantinis. *Muratori* in Differr. Italiæ Medii ævi. Unter die Gothischen Münzen rechnet man auch insgemein die *Monetas Scutellatas,* die hohl sind,

find, und wie eine Knopfplatte aussehen.
Die alte Teutschen haben sie Regenbogen-
Schüßlein genannt, weil sie meinten, die
Regenbogen liessen sie zurück. Man kan
sich nicht genug verwundern, daß der Professor *Ringmacher* in Differt. de Patellis
seu guttilis Iridis eben diese Meinung behauptet. *Sturm* in Differt. de Iride, und
Schreck in Ephemeridibus, haben es wi-
derlegt. Man weiset davon mehr goldene,
als silberne auf. (II.) In Spanien ist,
wie überhaupt von den Wissenschaften, also auch von Münzen der mittleren Zeiten,
wenig anzutreffen. Die alten Römisch-Spa-
nischen Münzen hat Antonius *Augustinus*
schön illustriret. Die Wisi-Gothen be-
mächtigten sich erstlich Spaniens. Unter
dem Roderich, dem letzten Könige derselben,
findet man verschiedene Nachrichten von ihren Münzen. Conf. la *Stanofa* von schwer
zu erkennenden Münzen, welches Buch in
Spanischer Sprache geschrieben, und sehr
rar ist, so daß es wohl mit 17. Rthlr. bezahlet wird, ob es gleich sehr klein ist. Die
Münzen sind darin in Holzschnitten. *Al-
tret* in Antiquitatibus Hispaniæ, der auf
der hiesigen Bibliotheck ist. *Mahudel* in
Diff. de Monetis quibusdam Hispanicis.
1725. Nachdem nun die Mauren sich
Spanien unterwürffig gemacht, so liessen
sie

sie viele Münzen schlagen, die aber mit lauter Arabischen Buchstaben umschrieben sind.
Die französische sind vollständiger. Die
Vandalier, davon Andalusien den Namen
hat, die nachhero nach Africa giengen, haben einen Numum Childerici, Regis Van-
dalorum, schlagen lassen, mit einem Dia-
demate, und auf der andern Seite eine
Hand voll Aehren, mit der Ueberschrift:
Felix Carthago; diesen hat Spanheim
de Usu & Præstantia numismatum beschrieben. (III.) In Frankreich hat man
es, nach Engelland, im Münzwesen am
höchsten gebracht. Claudius *Baudorue* hat
eine Recherche de Medailles antiques geschrieben, darin er auch eine Münze von
Teutomero Rege produciret. Von den
Merovingischen Königen an hat man
aber fast alle in Silber zusammen gebracht.
Procopius de Bello Gothico meldet schon,
daß die Gothische Könige mit ihrem Bilde
und Ueberschrift Münzen von Gold und
Silber schlagen lassen. Die Carolingische
Könige sind sehr sorgfältig auf das Münzwesen bedacht gewesen, und haben besonders
in ihren Palatiis Münzen schlagen lassen.
Conf. *le Blanc* traité historique des Mon-
noyes de France. Die Capetingische
und Valesische Könige haben auch viele
schlagen lassen. In den mittleren Zeiten
kam

kam zu Tours eine Münze wie ein zwey
Groschenstück auf, die man *Turnus* nannte, und viel gebrauchte. *Hardouin* hat davon einen Tractat geschrieben, und hinter
seine Werke mit andrucken laffen. (IIII.)
In Teutschland haben wir hier auf viererley Art Münzen Achtung zu geben. Zwey
davon sind uralt, nemlich die Schillinge
und Pfenninge; und zwey endigen sich mit
der mittleren Zeit, nemlich die Heller und
Groschen. 1) Teutschland hat bis auf
Carl den Groffen nur eine Art Münzen gehabt, das waren Numi solidi, welches
kleine Münzen waren, die auf beyden Seiten geprägt, und kaum so gros, als ein
sechsPfennigstück waren,die man vomSchall
Schillinge nannte. Sie hatten erst auf
einer Seiten ein Creutz und des Königs
Namen, und auf der andern Seite eine
Stadt oder Kirche mit deren Namen. Sie
hieffen Denarii, und zwölf giengen auf einen Solidum. Noch unter den Ottonibus
hat man die Bilder der Könige nicht auf die
Münzen gesetzt, sondern nur ihre Mono-
grammata. Man hat sie noch nie recht
untersucht. Diese Solidos lieffen auch
Reichsstände, denen es die Kayser verlie-
hen, schlagen, und zwar die geistliche
Reichsstände zuerst, weil sie sich es zuerst
ausgebeten hatten. Die fränkische Könige
hielten

hielten auch das Münzwesen für etwas hei-
liges, und hatten die Münzstätte in ihren
Pallästen; daher man sie den, wie man
meinte, gewissenhaften Mönchen anvertrau-
te. Einige meinten, die weltliche Reichsstände hätten die Münz = Gerechtigkeit erst
mit der Superioritate territoriali bekommen. Der Canzler von Ludewig meinet,
sie hätten es an sich gerissen, und hat dem
500. Rthlr. versprochen, der ihm ihre Kayserliche Privilegia zeigen würde; ich habe
ihm derselben drey gezeiget. Die Denarii,
Münzen der Könige, Bischöffe, und
weltlichen Stände, sind nun die vier älteste Arten der teutschen Münzen. Der *Schan-
nat* hat noch eine Auswurfs = Münze von
Rudolpho Habspurgico gehabt, die zu
Aachen bey der Crönung ausgeworfen worden, wofür ihm der Kayser Carolus VI.
hundert Ducaten und eine goldene Kette
gab. 2) Unter den Ottonibus, da der
Rammelsberg so ergiebig an Silber war,
erfand man Numos bracteatos, die platt
und dünne waren, und von Pfanne Pfenninge genannt wurden. Sie wurden von
hölzernen Stempeln auf einer Seite geschlagen, und nie von Gold und Kupfer. Die
Wissenschaft der Blechstücke ist sehr untersucht worden. *Olearius* hat sie fast in Formam Artis gebracht in seiner Isagoge ad
Numo-

Nůmophylaceum bracteatorum. *Leuck-
feld* und der Canzler von *Ludewig* haben
sich auch sehr verdient darum gemacht.
Man wog diese Münzen einander zu, weil
sie so dünne waren, daß man sie nicht zählen konnte. Man glaubte, daß man diese
Münzen nicht würde nachmachen können;
man hat aber nachher leider auch diese Kunst
erfunden. 3) Nachdem des Silbers in
Teutschland weniger wurde, und die Schätze von Ost = und West = Indien noch nicht
entdeckt waren, so kamen an statt der De-
nariorum die Heller oder Halleri auf. Die
Benennung ist von der Stadt Halle in
Schwaben hergenommen, da die Kayser eine Münze errichtet; daher sie auch Halen-
ses hiesen. Sie waren nicht von Kupfer,
sondern alle von Silber. Auf der einen
Seite stehet ein Creutz, und auf der andern
eine rechte Hand, als das Signum Fidei.
Sie hiesen in Medio ævo auch Pfenninge,
und wurden Pfundweise ausgegeben. Man
erfand nachher auch kupferne Heller. Daher der Unterscheid unter weissen und rothen
Hellern kömmt. Sechs hundert Stück
Heller haben eine Mark Silbers ausgemacht. Conf. *Schlegel* de Numis Gotha-
nis. 4) Die Groschen oder Grossi sind
aus den Turnosen in Frankreich entstanden.
Wie sich anno 1296. die Guttenbergische
Silber-

Silbergrube in Böhmen hervorthat, so ließ der König Wenceslaus II. in Böhmen diese Münzen in grosser Menge schlagen, die wegen ihrer Dicke Grossi genannt wurden. Sie hatten auf einer Seite den Böhmischen Löwen, und auf der anderen eine Crone mit der Ueberschrift: Moneta Pragensis. Conf. *Balbinus* in Historia Bohemica. Man zählte sie Schockweise. Als sich in Meissen Bergwerke hervorthaten, so liessen die Markgrafen auch solche´ Groschen schlagen, welche zum Unterscheid Fürstliche Groschen genannt wurden. Sie setzten auf der einen Seite ihr Wapen, und auf der andern Seite ihr Schild darauf. Diese Münze ist die gemeinste in Teutschland geworden. In Sachsen findet man davon viele. Man kan die alten Steuer-Rechnungen ohne sie nicht verstehen. (V.) In Engelland ist man allezeit für das Münzwesen sehr besorgt gewesen. Der Andreas *von Dome* hat uns von Ecberto, dem ersten Monarchen, schon sehr viele angeführet. Auf der einen Seite stehet der Könige Bild, und auf der andern ein Creutz. Conf. *Hickesius*. Man nannte sie *Pentings*. Es wurden auch in Engelland *Denarii sancti Petri* geschlagen, die ein jeder jährlich an den hineingesetzten Quæstorem geben muste. Man findet in den alten Le-

G   gibus

gibus Anglicanis, daß drey Pennings einen Schilling ausgemacht. Ein Schilling
ist aber nicht in Natura vorhanden, sondern nur im zählen gebräuchlich gewesen,
wie jetzo der Sterling. Man findet keinen
Numum aureum Anglo-Saxonicum. Als
die Normänner sich Engellands bemächtig-
ten, so hielt es sehr lhart, ehe sie sich zu
der Nation schlagen wolten. Wie es aber
geschehen war, so schlugen sie Sterlinge.
Diese haben nicht von der Stadt Sterlin
den Namen; denn daselbst ist keine Münze
gewesen. Darnach ward alles gezählet.
(VI.) In Schottland ist die Münze der
Engelländischen völlig gleich; nnd ob zwar
die Schottische Könige weit älter sind, so
hat man doch vorher keine gefunden, und
Schottische Münzen trift man nicht eher
als vom dreyzehenten Sæculo an. (VII.)
In Irrland sollen, nach einiger Meinung,
die kleinen Fürsten Münzen haben schlagen
lassen. Conf. *Koderus* de Numis in Hy-
bernia cusis. Es ist aber doch gewiß, daß
vor Henrico II. der sich Irrland unterwür-
fig machte, lauter fremde Münzen in Irrland gewesen sind. (VIII.) Im Kirchen-
staat in Italien hat der Pabst besonders
viele Münzen, auch in mitleren Zeiten,
schlagen lassen. Als die Päbste noch unter
den Griechischen Kaysern standen, so hatten
sie

sie auch nur derselben Geldsorten. Als sie
aber bey Erregung des Bilderstreits mit
dem Römischen Volke abfielen, so eignete
sich der Pabst, als Princeps Populi ro-
mani, das Münzwesen zu. Hadrianus
ließ anno 775. zuerst Münzen schlagen.
Conf. Joannes *Vignole* de Denariis veterum Pontificum, welches *Floravante* anno 1736. heraus gegeben. Es stehet auf
einer Seite ein Creutz mit des Pabstes Namen, und auf der andern die Worte: Sancti Petri. Carolus Magnus ließ nachher,
als Römischer König, auf Römische Münzen seinen Namen setzen. Xaverius *Scilla*
hat in Italiänischer Sprache eine Nachricht
von den Römischen Münzen gegeben, der
von Clemente VII. anfängt. Die alte
päbstliche Denarii sind sehr rar. (VIIII.)
In Venedig hat man, so alt auch diese
Stadt ist, da sie schon tausend Jahr gestanden, doch keine Münzen mitlerer Zeiten auf-
zuweisen; und es ist noch nicht ausgemacht,
wenn sie angefangen Münzen schlagen zu lassen. (X.) In Genua ist es in den mitleren Zeiten eben so beschaffen gewesen, wie
in Venedig; doch hat *Muratori* einige vor-
gebracht. (XI.) In Neapel fangen sich
die Münzen von Rogerio an. Ein geschickter Doctor Juris, Cæsar Antonius
Vergara hat sie beschrieben. 1716 fol. Sie

find von Gold, Silber, Kupfer ; zahlreich
und merkwürdig. (XII.) In Dännemark
hat man auch viele Münzen geschlagen. Der
Thomas *Burgerodius* hat ein Specimen
Numorum Danicorum a Temporibus
Antiquissimis usque ad Stirpem Olden-
burgicam heraus gegeben. Die älteste find
die Umbini oder Gothici. Nachdem aber
das Christenthum im achten Sæculo aufgekommen, so hat man ein Creutz darauf
geschlagen. Der mächtige König Canutus I.
hat sie sehr schön schlagen lassen, aber meist
von Silber.   Conf. *Laurentii* Museum
Danicum. (XIII.) In Schweden ist
aus den mitleren Zeiten besonders der grof-
sen Nordischen Semiramis, der Königin
Margaretha, Münze sehr rar.   Auf der
einen Seite stehet ihr Brustbild, und auf
der andern ein O mit einem Strich in der
Mitte: Φ.   Da haben einige gemeinet, sie
hätte den Schweden zum Schimpf das
Signum Sexus Feminini darauf setzen
lassen. Man hat aber befunden, daß es
Münchsburg heissen soll, welches also den
Ort der Münze anzeigt, wie denn solches
mehr im Gebrauch gewesen. Unter Carolo XI. hat man angefangen die Schwedischen Münzen genau zu untersuchen. Es
wird gefragt, ob nicht die Schwedische noch
älter sind, als die Dänische? Die Schwe-

den

den zeigen noch einige mit Runischer
Schrift, von dem ältesten Nordischen Volke. Sie haben sich daher auch auf die Ru-
nische Schreibart gelegt. Conf. *Brenner*
in Thesauro Numorum veterum Sueo-
Gothicorum. *Kœder* de Runis in Numis vetustis. (XIIII.) In Polen ist nichts
zu finden, da in keinem Lande das Münzwesen in so schlechtem Stande ist, als daselbst. Ein Preußischer Minister hat zwar
einen Tractat von Polnischen und Preußi-
schen Münzen geschrieben; er fängt aber erst
spät an. (XV.) In Rußland hat man,
welches zu verwundern, schon anno 1245.
Münzen gehabt. Ihre Münzen sind unan-
sehnlich und länglicht, und heissen Kopecken.
Ein gewisser Münzmeister brachte alle Großfürsten mit heraus. Auf der einen Seite
stehet der Ritter St. Jürgen, und auf der
anderen der Name des Großfürsten. (XVI.)
In den Morgenländern unter den Mu-
hammedanern hat man von den Zeiten der
Araber an sich sehr beflissen, nach ihrer Art
Münzen zu schlagen. Sie haben auf beyden Seiten Schrift. Diese zeiget 1) die
Jahrrechnung der Hegiræ, d. i. der Flucht
des Muhammeds von Mechina nach Mecka;
2) den Kalifen; und 3) das Elogium des
Muhammeds. Sie haben nur einen Gott,
und seinen Propheten Muhammed. Es sind

G 3

keine

keine Bilder darauf, weil Muhammed
keine Bilder gelitten. Johann Georg *Kær*
gibt Nachricht davon.

Die neue Münzen rechne ich vom fünfzehenten Sæculo an. Wir haben dabey
zu sehen 1) auf gangbares oder Current-
geld; 2) auf *Medaillen*, oder Schaustücke;
3) auf Nothmünzen, d. i. Geld, welches
bey grosser Gefahr, statt des ordentlichen,
geprägt ist; 4) auf Jettons oder Zahlpfen-
ninge, worauf die Holländer viel halten,
und die merkwürdige Historien in sich fas-
sen.

Von dem gangbaren Gelde samlet
man insgemein nur goldene und silberne
Münzen.

Von goldenen Münzen sind in neueren
Zeiten zwey Münzen in Europa am meisten im Gebrauch. Die *Floreni* oder Goldgülden, und die Ducaten, die noch bis
diese Stunde im Gebrauch sind. *Flore-
nus* hat den Namen von der grossen Italiänischen Handelsstadt Florenz, welche anfieng, eine Goldmünze von einem feinen
Quentgen Golde schlagen zu lassen. Die
Stadt meinte, sie hätte ihren Namen von
Blumen. Daher setzte sie eine Lilie auf die
eine

eine Seite ihrer Münze, und auf der andern Seite stehet Johannes Baptista mit dem Lamme GOttes; weil die vornehmste Kirche in Florenz demselben geweihet ist. Sie wurden vor Zeiten auch Liliengülden genannt. Die allerälteste Schriftsteller von Italien sagen, gegen Ende des dreyzehenten Sæculi wären sie geschlagen worden. *Chifletius* und *Vinnani* behaupten es. Diese *Floreni* dienten allen andern Münzen zum Muster. Man nahm auch das Gepräge an. Zu Anfang 1500. fieng man aber an, solche Münzen mit dem Johanne Baptista und dem Landesherrlichen Wapen zu schlagen. Die Teutschen liessen sie aber, aus Mangel am Golde, von Rheinischem Golde schlagen. Daher kommen die **Rheinische Goldgülden.** Nachher setzten aber die Könige von Neapel diese Umschrift darum: Sit tibi Christe datus. Quem tu Regis, iste Ducatus. Daher die Münzen Ducaten genannt worden. Sie werden sehr aufgesucht. Man findet aber fast keine alte Goldgülden. Ein solcher Goldgülden mit dem Johanne Baptista ist daher allemal einen Ducaten werth. Wir wollen nun die Ducaten nacheinander durchgehen. Man findet sehr wenige Münzcabinetter in dieser Samlung vollkommen, weil sie sehr kostbar ist, und nicht so viele rare darunter sind, als unter den silbernen

G 4   Mün-

Münzen. Der Graf zu Schwarzburg hat
sie zuerst unter neueren gesamlet. (I.) Man
hat mit den Ungarischen Ducaten den Anfang gemacht, die gleichsam die Könige
unter den Ducaten sind, und vom feinsten
Golde, von schönem Gepräge, und rich-
tiger Suite sind. Eben auf Anstalten des
Grafen von Schwarzburg-Arnstadt wurden
dieselbe in allen Hanseestädten gesamlet.
Daher Jacobus *a Melle*, ein Pastor Ma-
rianus Lubecensis, eine Seriem regum
Ungariæ in Numis Aureis, quos vulgo
Ducatos vocant, heraus gegeben. Sie
fangen von Ludovico Magno im vierzehen-
ten Sæculo an, und gehen bis auf die jetzige Königin Maria Theresia. Zwey Ducaten hat aber *Melle* nicht zu sehen bekommen können. Der eine ist von der Maria,
Ludovici Magni Tochter, die an den König von Böhmen und Römischen Kayser
Sigismundum verheyrathet war, und ihrem Vater succedirte, und von anno 1384.
bis 1386. regierte, den man selten findet.
Man hat sich sehr gestritten, wie der Titel
zu lesen sey. Auf der einen Seite stehet
Maria, oder Ladislaus, der Heilige von
Ungarn. Auf der anderen Seite stehet das
Ungarische Wapen, und die Buchstaben.
M. D. G. R. V. darum. Dieses solte nach
der gemeinen Leseart: Maria Dei Gratia
Regina

Regina Ungariæ, heiſſen. Der Pontvi-
zius behauptet aber, daß ſie die Ungarn
Rex, welches Generis communis iſt, genannt, und die jeßige Kayſerin hat ſich auch
auf den Crönungs-Münzen Regem Bohemiæ genannt. Ich habe den Ducaten, den
ich unverhoft zu Altorf gefunden, bekannt
gemacht, und die Abhandlung hat Gelegenheit zu meinen Münz-Beluſtigungen,
die ich jetzt ins 21ſte Jahr fortſetze, gegeben.
Der Herr Profeſſor Bayle hat mich darüber widerlegen wollen. Er hatte ein Kö-
nigliches Siegel, worauf ſich Maria Reginam genannt. Melle hat auch von der
Münze Caroli Parvi, der die Mariam
vom Thron ſtieß, nichts erfahren können.
Sie iſt aber anno 1750. zu Hamburg in
einer Auction vorgekommen. Auf der einen Seite ſtehet der König auf dem Throne, und auf der andern das Ungariſche
Wapen, mit der Umſchrift: In Nomine
Domini Jeſu Chriſti. Der von Alberto
Auſtriaco, dem Schwiegerſohne des Sigis-
mundi, iſt auch ſehr rar. Johannes Hun-
niades, der Adminiſtrator von Ungarn
war, und Belgrad ſo vertheidigte, ließ
auch einen Ducaten ſchlagen, und nannte
ſich darauf: Gubernator Regni Ungariæ.
Der Johannes von Zapolien, oder der
Graf von Zips, der ſich zum Könige in

Ungarn

Ungarn aufwarf, ließ anno 1526. auch
Ducaten schlagen, die aber die Oesterrei=
chische Kayser einschmelzen laſſen. Auch ſei=
nes Sohnes Johannis II. Ducaten ſind
ſehr rar. Imgleichen auch der, den deſſen
Mutter ſchlagen laſſen, worauf, nach ih=
rem Titel, die Buchſtaben: S. F. V. ſtehen.
Thuanus erzehlet, daß ihr, da ſie der So=
liman vertrieben, auf der Flucht der Wa=
gen zerbrochen ſey, und ſie alſo zwey Mei=
len zu Fuß gehen müſſen, da habe ſie in
einem Walde ihren Wahlſpruch: Sic Fa=
ta Volunt, in einen Baum geſchnitten.
Dieſe Worte ſind hernach auf den Duca=
ten geſetzt worden. Gabriel Betlen, der
ſich anno 1621. gegen den Ferdinandum II.
auflehnte, ließ auch in dem einen Jahre,
da er regierte, Ducaten ſchlagen; die aber
die Oeſterreichiſche Kayſer gleichfals mei=
ſtentheils einſchmelzen laſſen. Der *Ragoz-
ky* ließ in der groſſen Empörung in Un=
garn auch einen Ducaten ſchlagen. Und
mit dem ſind die Ungariſche Ducaten 27.
Zwey vom Ludovico II. ſind ſehr rar, deſ=
ſen Vater ihn in der zärteſten Jugend, da
er nur zwey Jahr alt war, anno 1508.
crönen ließ. Auf der einen Seite ſtehet der
Vater Uladislaus, und auf der andern der
kleine Ludovicus im Hemdgen als König
auf einem Küſſen. Nachher lieſſen die
Mal=

Malkontenten in Ungarn folgende Worte auf die Münze schlagen: Puda potens & Pannonica Gens Marta, quæ quod fuit, esset, si viveret iste Puer. Diese beyde sind sehr rar. Der Ducat des Caroli V. mit der Umschrift: Sancta Immaculata Virgo Maria, Mater Dei, Patrona Ungariæ, die deswegen darauf gesetzt wurde, weil die Ungarn die Lehre von der Immaculata Conceptione Mariæ eingeführet haben wolten, ist auch sehr selten zu finden. Die rare Ungarische Rabenducaten kommen von dem Johanne Hunniade her, der den Namen Corvinus angenommen, weil ein Rabe seiner Mutter, die man für eine Maitresse seines Vaters hält, einen von demselben empfangenen Ring genommen. Auf diesen Ducaten stehet entweder der Rabe mit dem Ringe im Schilde, oder neben, oder über dem Ringe, oder ohne Ring. In Ungarn tragen alle schwangere Frauen solche Rabenducaten. Die vier Sorten der Rabenducaten sind also sehr rar. Kein einziger Ducate hat eine so hohe Farbe, als die Ungarischen, weil zu Cremen eine schöne Art zu färben, die ein grosses Geheimnis ist, gebraucht wird. (II.) Die Ducaten der Fürsten in Siebenbürgen sind auch sehr merkwürdig, weil Siebenbürgen mit Ungarn als eine Woiwodschaft ver-

verbunden ift. Es ift dem Johann von Zips, für den Abtrit, als ein Fürstenthum, überlaffen worden. Das Haus Oesterreich wolte diefes edele Land nicht gern verliehren. Es konte daffelbe aber doch nicht erhalten. Deswegen muften die Ungarn den Sieben-bürgern ihre Fürsten laffen. Siebenbür-gen ift ein fehr reiches Land an Silber. Nach dem Johann von Zips find noch 16 Fürften gefolget, von denen man 16 Du-caten hat. Darunter find befonders zween merkwürdig. Den einen hat die Gemah-lin des Gabriel Betlens, Catharina Prin-zeßin von Brandenburg, die über ihren Sohn Stephan Betlen ein Jahr die Vor-mundfchaft geführet, schlagen laffen. Der andere ift von den Rebellen Mofes Zeckel, der anno 1602. fich empöret, und anno 1603. wieder zum Vorschein kam, aber erschlagen wurde. Diefe Ducaten find fehr rar. *Köleser* hat fie in Auraria Daciæ zu-erft zum Vorschein gebracht. Auf der einen Seite ftehet fein Name, und auf der an-dern die Worte: Dominus Protector meus, in der Umfchrift 1603. Claudiopo-li oder Klaufenburg. Der Hällifche Pro-feffor Martin *Schmeizel* hat die Siebenbür-gifche Ducaten erläutert. 1745. (III.) In dem teutfchen Ducatenfache find nur lau-ter Goldgülden, die man von Friderico II.

herrech-

herrechnet. Man trift von ihm viele Münzen an, da auf der einen Seite sein Bildnis, und auf der andern ein Adler mit des
Kaysers Titel stehet; die in Italien und
Neapel vielmehr, als in Teutschland geschlagen sind. Dieses ist die älteste teutsche
Kayserliche Münze. Von Ludovico IIII.
Bavaro ist ein doppelter Ducat sehr merkwürdig, den der Canzler von *Ludewig* zuerst entdeckt hat, der daraus den Ursprung
des Reichsadlers mit zween Köpfen erweisen
wollen. Ich habe aber sehr gezweifelt, ob
der Herr von *Ludewig* recht gesehen; weil
er einmal die Welt sehr hinters Licht geführet, da er in seiner Einleitung zum Münzwesen mitlerer Zeiten pag. 98. den Ursprung
der Münzen mit einer Buche und einem
Horn von einem Hirten herleitet, der sich
selbst Geld mit einem Hirtenzeichen von seinem Kessel gemacht, und sich für diese
Pfenninge Taback gekauft haben soll. Allein die Pfenninge, die der Herr von *Ludewig* gefunden, sind würkliche Pfenninge
von der Stadt Buchhorn, darauf ein
Horn und eine Buche stehet, die er für
ein Hirtenzeichen angesehen hat. Die Münze des Ludovici Bavari ist keine Reichs-
Münze, sondern er hat sie seiner Gemahlin, die Erbin von Holland und Seeland
war, zu Ehren schlagen lassen. Es stehet
darauf

darauf neben dem Adler folgende Umschrift:
Christus vincit, Ghristus regnat, Christus imperat. Zu den goldenen Münzen
gehören auch die bey Crönungen ausge-
worfene Münzen, davon man goldene
nicht eher, als vom Maximiliano, findet,
darauf sein Wahlspruch: Tene Mensuram,
stehet. Von den Rheinischen Churfürsten, Maynz, Trier, Cöln, und Pfalz,
und dem Landgrafen von Hessen, haben
wir viele Goldgülden mit ihren Wapen.
(IIII.) Die Portugiesen haben uns das
meiste ausländische Gold in Teutschland gebracht. Sie haben auch viele Goldgülden
unter dem Könige Emanuel geschlagen;
und die meisten Goldmünzen zu zehen Ducaten, die man von Portugal Portuga-
löser nennet. Man schlägt sie auch zu drey-
sig Ducaten. Man schlägt auch das Bildnis des heiligen Francisci Xaverii darauf,
weil derselbe viele Indianer bekehret, mit
der Umschrift: Zelator Fidei usque ad
Mortem. Die Münze des Königs Seba-
stiani ist auch sehr rar. Es ist darauf das
Creutz Christi, mit der Umschrift: In hoc
Signo vinces. Die letzte Portugallische
Goldmünze ist von Alfonso VI. den sein
Bruder Don Petro gestürzet, und seine
Münzen einschmelzen lassen. (V.) Unter
den Spanischen Goldmünzen hat man eine
rare

rare von Ferdinando Catholico, der die
Elisabeth von Castilien, und mit ihr ganz
Spanien, erheyrathete. Als er nun auch
die Mauren bezwungen, so solte ihn der
Pabst Alexander VI. Christianismum
nennen. Da nun der König von Frankreich schon diesen Titul hatte, so solte er den
Namen Catholicus behalten, den die Könige, da sie von den Arrianern abgetreten,
erhalten haben.) Ferdinandus Catholicus
wagte es, und nahm den Titel selbst auf
seinen Goldmünzen an, und setzte darauf:
Triumphator & Catholicus Christianis-
simus. Der Ducate, den die Johanna, des
Kaysers Caroli V. Mutter, allein schlagen lassen, ist auch sehr rar. Sie war für
Betrübnis unsinnig, und konte nicht regieren. Eine Spanische Faction erhielt sie noch
auf dem Thron, und ließ sie Münzen schlagen. Kayser Carolus V. vertrieb sie aber bald.
Nachher stand immer Johanna und Carolus auf den Münzen. Johanna starb hernach erst anno 1555. (VI.) Unter den
Französischen Goldmünzen ist diejenige sehr
rar, die die Königin Blanca, des Königs
Ludovici VIII. Gemahlin, als Vormün-
derin ihres Sohns Ludovici VIIII. schlagen lassen, weil sonst in Frankreich kein
Frauenzimmer regieret. Die französische
Agnetels sind auch sehr rar. Es stehet das
Lamm

Lamm GOttes darauf.   Man hat sie zu
der Zeit schlagen lassen, als die Engellander
sich auch des französischen Wapens ange=
masset.   Die Münze des Königs Henrici
V. in Engelland, der König in Frankreich
ward, und von dem alle Könige in Engelland die Benennung eines Königs in Frankreich erhalten haben, ist auch sehr selten
anzutreffen.   Der Ducate des Ludovici
XII. auf den Pabst Julium II. mit der Umschrift: Perdam Babylonis Nomen, ist
auch sehr selten zu finden, und wird wohl
mit zwölf Ducaten bezahlet.   Die Catholicken verläugnen diese Münze sehr gern.
Der Herr Liebe, Oberaufscher über das
Gothische Münz=Cabinet, hat sie sehr schön
beschrieben.   (VII.) Unter den Englischen
Goldmünzen sind die Rosinobel merkwürdig.   Man hat davon alte und neue. Die
ersten hat der König Eduardus III. Victor
Franciæ, schlagen lassen von anno 1327.
bis 1377.   Es hat uns dieses ein Englischer Schriftsteller , *Knigton* , berichtet.
Auf der einen Seite stehet ein Schif mit
des Königs Namen; auf der andern eine
grosse Rose mit dem Spruch Joh. 4. v. 30.
Seldenus in mari Clauso meinet, sie hiessen deswegen Rosinobel, weil noble κατ
ἐξοχὴν Goldmünzen genannt würden. Gui-
lielmus *Budæus* nennet sie nobiles Rosatos.

Daß

Daß sie von der grossen Faction der rothen und weissen Rosen den Namen haben solten, ist falsch, weil die erst anno 1453. angegangen. Sie sind auch von den ältesten Zeiten 6. Rthlr. werth, und gehen 3℔. auf eine Mark Goldes. Einige meinen, sie wären aus Alchimischem Golde gemacht, da Raymundus *Lullus* die Engelländer das Goldmachen gelehret. Man hat sie abergläubisch angesehen, da man gemeinet, sie machten Hieb- Stich- und Schuß- frey. Alle Könige von Engelland haben einige gepräget. Von 1500. an komt aber auf der einen Seite der König, und auf der andern ein Schif, und unten und oben eine Rose. Die Königin Elisabeth hat sie zuletzt schlägen lassen. Von Eduardo III. haben wir noch rarere, und eine auf die Schlacht bey Grescy, mit der Umschrift: Exaltabitur in Gloria. Vom Eduardo VI. findet sich eine Münze von anno 1459. von zwey Ducaten, mit dem Spruche: Timor Domini Fons Vitæ meæ. Die Königin Maria hat kleine Nobel schlagen lassen, mit der Umschrift: Rosa sine Spina; und noch eine kleine mit der Umschrift: Feritas Temporis Filia. Als sie den König Philippum II. geheyrathet, so stehet darauf: Philippus & Maria R. Angliæ, Franciæ, Neapoli; auf der andern Seite die

H   Um-

Umschrift: Posui Deum in Protectorem meum. Die Königin Elisabeth ließ auch eine Münze mit der Umschrift: Scutum Fidei proteget eam, schlagen. Ihr unglücklicher Nachfolger Jacobus, auf welchen man den Vers gemacht: Rex erat Elisabeth, nunc est Regina Jacobus, ließ viele Münzen mit der Umschrift: Quæ Deus conjunxit, Nemo separet, und mit der Umschrift: Tueatur unita Deus, schlagen. Nach der Enthauptung des Carls Stuarts ließ das Parlement viele Münzen schlagen. Cromwel ließ Münzen mit seinem Bildnis und Wapen schlagen, mit der Umschrift: Pax quæritur Bello. Unter den Englischen Goldmünzen hält man des Prinzen von Wallis, Eduardi, zu Bourdeaux geschlagene Münzen für rar. Er stehet darauf, und neben ihm: Eduardus P. O. G. N. S. Reg. Angl. (i. e. primogenitus Regis Angliæ,) Dux Aquitaniæ, und die Umschrift heißt: Deus Judex justus, fortis, patiens; und als diese ausgegangen, heißt sie: Deus Adjutorium meum & Protectio, in illum sperabo. (VIII.) Von Schottländischen Goldmünzen findet man, von Jacobo V. die ersten, mit der Umschrift: Honor Regis Judicium diligit. Seine Tochter Maria, ließ nebst ihrem Gemahl, dem Könige Francisco, eine Münze schlagen, mit der Umschrift: Ex-

surget

furget Deus, & diſſipentur Inimici ejus.
(VIIII.) Unter den Dániſchen Goldmún-
zen iſt diejenige die rareſte, die Chriſtier-
nus III. anno 1647. bey Gelegenheit der zu
Kúngsberg gefundenen Silbergrube von
dem Caſpar Harpach hat ſchlagen laſſen;
da auf dem Ducaten des Königs Bildnis,
und eine Brille mit der Umſchrift: Vide
Mira Domini, ſtehet; daher ſie Brillen-
Ducaten genannt werden. Conf. *Olige-*
rii Muſeum Regium Danicum. *Holbergs*
Dániſche Staatsgeſchichte. Den andern
ließ der König anno 1648. bey dem ſchleu-
nigen Einbruch des Schwediſchen Torſten-
Sohns ſchlagen, mit der Umſchrift: Ju-
ſtus Jehovah Judex. Nachher iſt noch
Chriſtiani V. Ducate merkwürdig, der anno
1698. des Herzogs von Hollſtein Schleß-
wig Schanzen niederreiſſen laſſen; deswegen er auf den Ducaten die Hollmer-
Schanze ſetzen ließ, mit der Umſchrift: Su-
premus Labor Inconſtantiæ. Dieſe Worte zielten auf den Wahlſpruch des Herzogs:
Labore & Conſtantia. (X.) Unter den
Schwediſchen Goldmünzen iſt diejenige
merkwürdig, die der König Erich XIII. anno 1568. ſchlagen laſſen. Auf der einen
Seite dieſes Ducaten ſtehet des Königs
Bildnis, und auf der andern eine Landſchaft, da in den Schos einer Weibsper-
ſon ein Scepter fällt mit der Umſchrift:

H 2   Dat,

Dat, cui vult. Er ließ ihn auf seine Hochzeit mit seiner Maitresse, einem gemeinen
Mädgen, schlagen; und wolte damit gleichsam alle Prinzeßinnen, die ihm den Korb
gegeben hätten, beschimpfen. Als er aber
nachher ins Gefängnis geworfen ward, so
wurden diese Ducaten eingeschmolzen. (XI.)
Die Polnische Ducaten fangen sich sehr
spät an, und haben wenig merkwürdiges.
Ich verstehe aber nur die, die die Könige
selbst schlagen lassen; nicht der Stadt Danzig, Thoren, u. s. w. ihre.   Der erste ist
von dem Könige Alexandro, mit des Königs Bildnis, und einer Umschrift neben
dem heiligen Stanislao: Sanctus Stanislaus Episcopus.   Der König Stanislaus
ließ einen Ducaten schlagen, mit der Umschrift: Florebit Justus ut Palma. Mit
Wladislao IIII. anno 1637. fiengen sich die
Crönungsmünzen an. Es stehet darauf der
König an einer Pyramide, und darum:
Honor Virtutis Præmium. Von der Zeit
an hat man sie bis auf den gegenwärtigen
König Augustum in vollkommener Ordnung.

Von silbernen Münzen führet eine Cur-
rentmünze den Namen der Thaler, welche
zu Ausgang des fünfzehenten Sæculi aufgekommen sind. Sonst waren die Groschen,
und

und in Frankreich die Turnosen, die gröste
Silbermünzen. Man war darauf bedacht,
eine Münze von Silber zu schlagen, die
den Goldgülden gleich wäre. Die erste sind
die Tyrolische *Joachimici* zu Botzen, da
der Erzherzog Sigismundus von Oesterreich regierte. Dieser ließ eine dicke Sil-
bermünze schlagen, die er Güldengroschen
nannte, worauf er sein Bildnis setzen ließ.
Dieses geschahe anno 1484. Nachher ließ
er auch einige von einem Loth machen. Aus
der Mark Silber von 16. Loth wurden 8.
geschlagen; aber nicht von purem Silber,
sondern 8. Stück hatten nur 15. Loth am
Silber, das übrige war von Kupfer, und
das nannten sie den Münzschlag. Viele
Herren haben diese nützliche Münzen nachschlagen lassen. Der Graf von Schlick, der
Koderthal inne hatte, ließ davon aus dem
vielen Silber anno 1518. die Joachims-
Thaler mit seinem Wapen schlagen. *Matthesius*, der Prediger daselbst war, handelt
in seiner Sarepta davon. Die Schlickeli-
sche Thaler waren hernach aber so beschaffen, daß bey 8. Stück nur 14. Loth Silbers ist. Lateinisch werden sie *Numi unciales* genannt, weil ein ächter Thaler so
viel wägen muß. Wir wollen sie nun nach
den verschiedenen Ländern nacheinander
durchgehen. (I.) In Teutschland haben

wir sowohl von Kayser, als auch von den
Reichsständen, Thaler, und zwar von keinen Reichsständen mehrere, als von den
beyden Häusern, Sachsen und Braunschweig-Lüneburg. In dem Teutschen Tha-
lerfache eines Münz-Cabinets müssen sie ordentlich nach den Ständen rangiret werden. Man siehet auch sehr gern zu, daß
man die Suiten von den Thalern kriegt. Die
Kayserliche Thaler fangen sich von Maximiliano I. an, und gehen bis auf den jetzigen Kayser. Von Carolo V. ist aber kein
Thaler vorhanden, den er selbst hätte prägen lassen; weil er in Teutschland kein Dorf
besaß, sondern seinem Bruder Ferdinando
alles abgetreten hatte. Die Reichsstände
haben wohl sein Bildnis auf Thaler gesetzt.
Weil es unmöglich ist, alle Suiten in einem Münz-Cabinette durch zu sehen, so
hat man hauptsächlich auf die rarsten Acht
zu geben. Unter die raren Thaler in Teutschland gehören also 1) die Thaler der Bischöffe und Aebte; diese sind sehr hoch zu
achten, weil sie wenige schlagen lassen. 2)
Alle Thaler, die vor dem Jahr 1530. geschlagen worden, sind auch sehr rar; denn
nachher sind die Thaler auf 13. Loth herunter gesetzt worden. Ferner 3) die Thaler
mit vielen Köpfen, ausgenommen die
Sächsische. 4) Die Thaler solcher Fürsten,

ften, deren Häuser ganz ausgestorben
sind, z. E. der gefürsteten Grafen von Hen-
neberg; weil sie von den Nachfolgern eingeschmolzen worden. 5) Die Thaler derjenigen Herren, die kurze Zeit regieret
haben. 6) Die Thaler derjenigen Fürsten, die unglücklich gewesen sind. Dahin gehöret z. E. der Gebhard, aus dem
Hause der Truchsesse von Waldburg,
Churfürst zu Maynz, der eine Gräfin von
Mansfeld schwängerte, und dieselbe heyra-
then wolte, aber von Land und Leuten verjagt wurde; er ließ anno 1583. einen Thaler schlagen, mit der Umschrift: Tandem
bona Caussa triumphat. Dahin gehöret
auch der Churfürst Fridericus III. von der
Pfalz, der die Englische Prinzeßin heyrathete, und als König von Böhmen im
Exilio sterben muste; seine Thaler sind fast
alle eingeschmölzen worden. 7) Die Thaler, die große Herren einander zum
Schimpf schlagen lassen, sind auch sehr
rar. Dahin gehöret der Thaler des Churfürsten von Brandenburg Friderici Wil-
helmi, den er damals schlagen ließ, als er
vom Rhein zurück gekommen war, und die
Schweden, die ihm unter Carolo XI. fast
ganz Brandenburg weggenommen hatten,
wieder zurück schlug; auf der einen Seite
desselben stand der Churfürst vor einer Ar-

H 4   mee,

mee, und auf der andern eine Inscription,
da er die Schweden septimestres Prædo-
nes nannte; er muste sie aber einschmelzen
lassen. Es gehöret auch dahin der Thaler
des Herzogs Carl Emanuel von Savoyen,
da er Frankreich die Markgraffschaft Saluzi weggenommen; auf der einen Seite stehet sein Brustbild, und auf der andern ein
Centaurus mit dem Bogen und auf eine
Kr. tretend, mit der Umschrift: Opportu-
ne. Als aber der König in Frankreich,
Henricus IIII. ihm Saluzi wieder wegnahm,
so ließ er einen Thaler schlagen, worauf der
Hercules mit der Keule einen Centaurum
todschlug, mit der Umschrift: Opportu-
nius. 8) Unter den Kayserlichen Thalern werden besonders zween für rar gehalten. Der Kayser Maximilianus II. hat seinen Vorfahren zu Ehren, Maximilianum
I. Carolum V. und Ferdinandum, auf einen Thaler prägen lassen. Auf einem sahen
sie rechts, und auf dem andern links. Sie
kosten zusammen 25. Rthlr. 9) Unter allen ist aber kein Thaler so rar, als der
Heßischer Philipps-Thaler Philippi Mag-
nanimi, mit der Umschrift: Besser Land
und Leut verlohren, Als einen falschen Eyd
geschworen. 1552. Als der Landgraf aus
seiner langwierigen Gefangenschaft gelassen
werden solte, so solte er sich dem interim

oder

oder dem Catholischen Verlangen, unterwerfen. Als er wieder frey kam, ohne dieses einzugehen, so ließ er den Thaler schlagen. Auf der einen Seite stehet sein Brustbild, und auf der andern 5. Heßischen Wapen. Es stehen zwischen den Schildgen die Buchstaben: P. S. E. D. S. d. i. Parcere Subjectis Et Debellare Superbos. Dieser Thaler ist aber sehr vielfältig nachgeprägt und nachgeschlagen worden. Daher jemand die Buchstaben so ausgelegt hat: Stelle Ein Dein Schelmisch Prägen. Die Gelegenheit zu diesem Thaler ist folgende gewesen. Als der Herzog von Braunschweig = Wolfenbüttel, Augustus, der Stadt Goslar allen Verdruß that, so belagerten ihn der Landgraf Philipp und der Churfürst Johann Friderich in Wolfenbüttel, und nahmen den Harz ein. Von dem Silber, das sie eroberten, liessen sie den Thaler schlagen; auf einer Seite mit Churfürst Johann Friderichs Bildnis, und auf der andern die Ueberschrift: Parcere Subjectis & debellare Superbos; welcher zu dem würklich falschen oben angeführten Heßischen Thaler Gelegenheit gegeben hat. 10) Der Herzog Christian von Wolfenbüttel, ein Anhänger des Pfalzgrafen Friderici III. fand in Paderborn, als er dasselbe plünderte, in einer Kirchen den HErren

H 5 Christum

Christum mit den zwölf Aposteln in Silber gegossen. Er ließ Thaler davon prägen, auf deren einen Seite sein Bildnis stehet, mit der Umschrift: GOttes Freund, der Pfaffen Feind; auf der andern ein geharnischter Arm, mit der Umschrift: Tout avec Dieu. Er verlohr hernach seinen Arm, welches die Pfaffen als eine Strafe wegen des geschlagenen Thalers auslegten. Als die Händel mit dem Bischof von Münster wegen der Stadt Höckster angiengen, so ließ der Herzog Anton Ulrich den Stempel aufsuchen, und, an statt der anderen Seite mit dem geharnischten Arm, stehet eine Pfaffenmütze auf einem Schwerd. 11) Als der Pfalzgraf Friderich König in Böhmen wurde, so ließ er anno 1620. Thaler schlagen, mit dem Titel: Fridericus Dei Gratia Rex Bohemiæ. Das D stand verkehrt darauf, obgleich der Stempel ein rechtes hatte. Man hatte aber zween Stempel. 12) Unter allen Fürsten im Römischen Reiche haben die beyde Häuser, Sachsen und Braunschweig-Lüneburg, die meisten Thaler schlagen lassen, weil sie, nach den Tyrolischen, die besten Silbergruben haben. Zwey Suiten sind unter den Braunschweigischen merkwürdig. *Henricus Julius* hatte Lerm mit dem Adel, der sich zur Stadt Braunschweig schlug, die eine freye

Reichs-

Reichsstadt seyn wolte. Er ließ 6. Symbolische Thaler schlagen. Der erste heißt der Rebellen-Thaler, auf dessen einer Seite der Herzog als ein wilder Mann stehet, mit einem Hunde unter den Füssen; und auf der andern Seite wird die Rotte Kora, Datan, und Abiran, vorgestellet. Der zweyte heißt der Lügen-Thaler, darauf stehet: Hüte dich vor der That, der Lügen wird wohl rath. Der dritte heißt der Wahrheits-Thaler, worauf stehet: Veritas vincit omnia. Der vierte heißt der Mücken-Thaler, auf welchem ein Löwe die Mücken verschlägt. Der fünfte heißt der Eintrachts-Thaler, auf welchem ein Löwe sich mit dem Bären vereinigt. Der sechste heißt der Patrioten-Thaler, worauf ein Pelikan stehet. Der Brillen-Thaler wird, als der siebente, auch mit dazu gerechnet, auf welchem ein wilder Mann auf eine Brille tritt. 13) Die sieben Glocken-Thaler sind auch sehr rar. Der gelehrte Herzog August ließ sie schlagen, weil er in Auslieferung der Festung Wolfenbüttel aufgehalten wurde. Auf dem ersten stehet eine Glocke ohne Kleppel, da er des Königs Versprechen durch vorstellen wolte; nachher ließ er den Kleppel ohne Glocke darauf schlagen, und deutete damit das wiederholte Versprechen des Königs an; ferner

ferner ließ er die Glocke mit dem Kleppel, aber unangezogen, schlagen; und endlich kam auch die Glocke mit dem Kleppel angezogen. Neulich sind sie in Hamburg für 81. Rthlr. verkauft worden. Der rareste ist der dritte, mit dem Worte: Gloria. Daher einige Betrüger das Wort auf Glocken-Thaler geprägt haben. Ich habe aber doch gefunden, daß der Thaler würklich vorhanden gewesen sey; da ich des Herzogs eigenen Brief zu Wolfenbüttel gelesen. Es hat darauf stehen sollen: Gloria in excelsis Deo, da er GOtt für die Ablieferung Wolfenbüttel danken wolte. Es muß daher auf ächten Glocken-Thalern Gloria In Excelsis Deo stehen; sie sind aber oft verschliffen. Der Herzog hat sie auch in halben Thalern und halben Gülden schlagen lassen, da er immer an seinem Geburths-Tage neue Thaler schlagen ließ, und auch an den geringsten Hofbedienten austheilte. 14) Unter die raren Thaler gehören auch die sogenannte Juliuslöser. Der Herzog Julius von Braunschweig-Wolfenbüttel, der die Universität Helmstädt gestiftet, und ihr den Namen gegeben hat, bekam von den Harzgruben viele Silber-Ausbeute, daß er eine gewisse Summe Geldes schlagen lassen, und unter das Volk verwechseln, das Geld dafür aber aufbewahren

wahren wolte. : Er ließ Thaler zu 5. Rthlr.
auch einige zu 2¼ Rthlr. schlagen, auf deren einen Seite sein Bildnis, und auf der
andern die zwölf Himmelszeichen standen,
mit einem vierfachen Rande. Er vertheilte
sie unter allen Unterthanen. Es findet sich
aber heut zu Tage kein Stück mehr davon.
In Hamburg ist eins von 5. Rthlr. vor 8.
Rthlr. verkauft worden. 15) Des Herzogs Ernst zu Gotha, den man den Beth-
Ernst nannte, seine sechs Cathechismus-
Thaler werden auch für sehr rar gehalten. Er
hat viele schöne Anstalten zur Verbesserung
der Kirchen gemacht. Wenn er Kirchen-
Visitation hielte, so hatte er Thaler, mit
den Hauptstücken des Cathechismus, die er
unter die alten Leute, die im Cathechisiren
wohl bestanden, austheilete. Einer war
einen Rthlr. werth. Dieser Herr war sehr
gütig. Einst muste er, da ihm der Wagen
zerbrach, zu einem Prediger gehen, und
bey demselben übernachten. Dieser Prediger hatte schlechte Bücher, und die Bibel
war sehr bestaubt; in dieselbe legte der Herzog einen Ducaten. Hernach kam er wieder und fragte den Prediger, ob er auch
fleißig in der Bibel läse? Und da dieser ja
antwortete, so fragte er ihn, ob er denn
auch was darinnen gefunden habe? Da er
nun das nicht gethan, so gab er ihm einen
derben

derben Verweis. 16) Der Graf David
von Mannsfeld. hat anno 1612. einen
Thaler schlagen lassen, der auch sehr rar ist,
auf der einen Seite desselben stehet der Ritter St. Georg mit dem Lindwurm, und auf
der andern des Grafen Wapen, mit der
Umschrift: Bey GOtt ist Rath und That.
In dem Türckenkriege war ein Sächsischer
Obrister Liebenau, der den Thaler nebst an-
derm Gelde bey sich hatte. Er war mit einer Kugel geschossen, die sich auf dem Thaler zerplatzt hatte. Daher man meinte, der
Thaler mache fest; und die Officiers wech-
selten sich alle solche Thaler ein. 17) Die
Wallensteinische Thaler gehören auch hieher. Es ist bekannt, daß der Kayser den
Albrecht von Wallenstein wegen seines
Kriegsglücks Anfangs zum Grafen, nachher zum Herzogen von Friedland, und endlich anno 1629. zum Herzogen von Meck-
lenburg und Admiral der Ost-See erklärte.
Er war der Jüngste der Familie, und bekam nur eine kleine Pension. Er machte
sich daher bey einer alten reichen Wittwe
beliebt, heyrathete sie, und als sie starb,
so warb er sich eine Compagnie, kriegte
ein Regiment, und warb endlich Genera-
lissimus. Von 1621. bis 1629. ließ er
verschiedene Münzen schlagen, die aber
nachher der Kayser, als er ihn als einen
Rebel-

Rebellen erwürgen laſſen, einſchmelzen ließ.
Ich habe ſieben davon entdeckt, die er als
Herzog von Friedland hat ſchlagen laſſen.
18) Der Wiedertäufer = Thaler iſt noch
rarer. Es iſt bekannt, daß anno 1533.
eine Wiedertäufer=Rotte ſich in Münſter in
Weſtphalen einfand, die auch die Com-
munionem Uxorum unter ſich hatten. Ein
Schneider, Johann von Leyden, warf ſich
zu ihrem Könige auf. Er ließ Thaler ſchlagen, auf deren einen Seite der Spruch
ſtand: Das Wort ward Fleiſch, und woh-
nete unter uns; auf der andern: Wer nicht
wiedergebohren iſt aus Waſſer und Geiſt,
der kan das Reich GOttes nicht erben. Es
ſind keine Bilder darauf, ſondern lauter
bibliſche Sprüche, und zwar in Nieder=
Sächſiſcher Sprache. Dieſe Wiedertäu=
fer=Thaler, die der Johann von Leyden
ſelbſt ſchlagen laſſen, ſind ſehr rar. Der
Biſchof von Münſter ließ nachher zum Gedächtnis ſein Bildnis auf Münzen ſchlagen,
die ſind nicht ſo rar. 19) Der ſogenannte
Interims=Thaler gehöret auch hieher, den
die Stadt Magdeburg anno 1550. ſchlagen laſſen. Nachdem der Kayſer Carolus
V. den Schmalkaldiſchen Bund zerriſſen,
ſo war er doch nicht im Stande, die Ev=
angeliſche Lehre zu zerreiſſen. Als er anno
1548. zu Augſpurg auf dem Reichs=Tage
war,

war, so war er darüber ganz verdrießlich.
Pfalzgraf Friedrich klagte es seinem Rath.
Dieser sagte, der Kayser hätte mit Geist=
lichen, mit Fürsten, und mit dem gemei=
nen Volke zu thun; einem jeden von den=
selben müste er was einräumen, den Geist=
lichen die Heyrath, den Fürsten die einge=
nommene Länder, und dem gemeinen Vol=
ke das Abendmahl unter beyderley Gestalt.
Der Kayser that dieses, als es ihm der
Pfalzgraf sagte, und publicirte es unter=
dessen, daß ein Concilium beschleunigt
werden solte, und das wurde Interim ge=
nannt. Besonders trauete die Stadt Mag=
deburg diesem Interim nicht. Sie ließ den
obgedachten Thaler schlagen, auf dessen ei=
ner Seite stand die Taufe Christi: Dieses
ist mein lieber Sohn; und auf der andern
ein greuliches Monstrum, das die päbst=
liche Crone hielt, mit der Umschrift: Packe
dich Satan, du Interim. Den Kayser
verdroß dieses sehr, daher er die Stadt in
den Ban that, und sie belagern ließ. 20) Es
gehören auch hieher die Brömbsen=Thaler,
die die Stadt Lübeck unter dem berühmten
Burgermeister, Nicolaus Brömbsen, schla=
gen lassen. Auf dessen einer Seite stehet
ein wilder Mann, der das Wapen der
Stadt Lübeck hält, und unten eine Bröm=
se; auf der anderen Seite stehet Caroli V.
Wapen.

Wapen. Conf. Joannis Henrici *a See-len* Abhandlung de Numo Lubecenſi Dic-to Brömbſen-Thaler. Es iſt aber erweiß-lich, daß die Brömſe ein Münzmeiſters Zeichen geweſen. Daß ſie den Burgermeiſter nicht vorſtellen ſollen, ſiehet man auch daraus, weil noch lange nach ihm in Lübeck ſolche Thaler geſchlagen worden. Der rareſte iſt von anno 1535. 21) Des Churfürſten in Sachſen Johann Georgs anno 1557. ge-ſchlagene Vicariats-Thaler ſind auch rar. Der Churfürſt iſt darauf ʒu Pferde, und um ihn ſtehet ſein Wahlſpruch: Deo & Patriæ. Die ungeſchickte Leute haben das Wort Deo bey dem Schwanz des Pfer-des, und das Wort Patriæ weiter hin ge-ſetzt. Der Churfürſt ließ hernach Deo bey den Kopf, und Patriæ bey den Schwanz ſetzen. 22) Die Thaler, die aus chymi-ſchen Silber ſollen geſchlagen ſeyn, ſind auch rar, und beſonders der, den der Landgraf von Heſſen anno 1717. ſchlagen laſſen. Conf. *Reyher* de Numis ex Ar-gento chymico factis. (II.) Von Spa-nien findet man keine Thaler eher, als von Ferdinando catholico und Eliſabetha, und zwar Stücke von achten. Er nannte ſich darauf Archiducem Auſtriæ. (III.) In Franckreich hat man die Thaler *Teſtons* genannt. Der erſte iſt von dem letzten Va-

J leſiſchen

lefifchen Könige Carolo VIII. und ſtehet
darauf eine nette Handſchrift. Die franzö-
fifche Thaler ſind die zierlichſten. Man hat
in Frankreich das Druckwerck erfunden,
und ſie nicht mehr mit Hämmern geſchlagen. (IIII.) In Engelland heiſſen die Thaler Kronen. Der König Eduardus VI.
hat ſie anno 1551. und 1552. am erſten
ſchlagen laſſen. Es ſtehet darauf: Poſui
Deum in Adiutorem meum. Anno
1668. hat Cronwel auch ſchöne Kronen
prägen laſſen, da er den Titel von Frankreich ausgelaſſen. Es ſtehet darauf die
Umſchrift: Pax quæritur Bello. Die
Randſchrift heißt: Has (Litteras) mihi,
niſi periturus, adimat Nemo. Sie ſind
wohl gerathen. Nur iſt ein Sprung darin
über des Cronwels Bild bis an Nemo.
Da das Wort Nemo zurückgeleſen Omen
heißt, ſo könnte man es auf ihn deuten,
weil er nachher ausgegraben und aufgehenkt
worden iſt. Man hat aber einen andern
Cörper für ſeinen angeſehen, da der ſeine
von den Würmern ſchon längſt verzehret
war. Conf. Aveus *Apronius* in ſeiner
Reiſebeſchreibung, welcher einen dieſer Thaler für 20. Kronen verkauft hat. (V.) In
Italien ſind die päbſtliche *Scudi* wohl zu
bemercken, die ſehr ſchön, rar, und merck-
würdig ſind. Die päbſtliche Thaler haben,
wegen

wegen ihres schönen Schnitts, vor allen
andern den Vorzug, da sich die Päbste
recht damit wollen sehen lassen. (VI.) In
Schweden ist es keinem Privato erlaubt,
Geld prägen, oder auch nur ein Schau-
stück prägen, zu lassen. Der grosse Schwe-
bische Canzler Oxenstirn ließ aber doch einen
schönen Thaler schlagen, und gab vor, es
wäre in Teutschland ihm zu Ehren geschehen. (VII.) Die Rußische Monarchen
haben unter allen Europäern die ordentliche
Art zu münzen angenommen. Daher kein
Rubel älter ist, als von Zaar Peter dem
Ersten. Der rareste ist von der Schlacht
bey Pultawa, und der allerrareste der con-
fiscirte Thaler vom kleinen Ivan. (VIII.)
Von Türckischen Löwen - Thaler höret
man viel. Es hat damit diese Beschaffenheit. In der Türckey wird der Tribut in
lauter auswärtigen Thalern bezahlet. Zuerst kamen die Böhmische Thaler mit Löwen, nachher auch die Flandrische Thaler
mit Löwen, hinein; daher sie alle Thaler
von gleichem Gewichte Löwen-Thaler nennen.

Die *Medaillen* sind Münzen, die nicht
zum ausgeben, sondern zum Andencken
sonderbarer Begebenheiten, geschlagen worden. Sie haben von den Italiänern, da

I 2   sie

sie in fünfzehenten Sæculo aufgekommen
sind, den Namen erhalten. Die Gold-
und Silberarbeiter, die in Ton oder
Wachs eine zierliche Figur entwerfen kon-
ten, fiengen an, auch eine Art von Münzen zu machen. Sie stelleten die Bilder der
grossen und berühmten Männer in Italien
vor; und wenn der Guß nicht geraten war,
so putzten sie ihn mit dem Grabstichel aus.
Vor dem Jahr 1400. findet man aber keine. Der Lisunellus, Spiranteus, und
viele andere, machten den Anfang. Wer
aber der erste gewesen, kan man nicht zu-
verläßig anzeigen. Man nennet sie auch
Contrefait-Münzen, Numos imaginarios,
und iconicos. Sie waren alle von Gold-
schmieder Arbeit. Daher diese auch als
ein Meisterstück solche liefern müssen. Die
Goldschmiede wolten es auch den Eisen-
schneidern nicht verstatten. Unter allen alten Medaillen wird die für die rareste gehalten, die der König in Frankreich Carolus
VII. anno 1457. schlagen lassen auf den
verbesserten Zustand des Kriegswesens. Es
stehet darauf: Gallia militibus priscis re-
parata rebus, und: Rex tuus, ut vincit,
non petit hostis inire. Die Medaille,
die der Pabst Paulus IIII. anno 1466. schlagen lassen, ist auch sehr rar. Nachdem
die Franzosen die Presse erfunden, so wurden

den die Medaillen auch weit schöner, als
durch den Schlag. Man giebt insgemein
vor, die Médaille, auf welcher Johann
Huß auf dem Scheiterhaufen sitzt, sey die
älteste. Sie ist aber erst zu Luthers Zeiten gemacht worden. Die Franzosen haben
die Medaillen auch sehr schön verbessert.
Diejenige, die Medaillen sammlen, haben
verschiedene Methoden, so wie man die
Medaillen verschiedentlich eintheilen kan.
Sie sind theils publica, theils privata
auctoritate, geschlagen worden; sie sind
auch nach ihrer Größe verschieden; man
kan sie auch nach den Künstlern; und am
allerbesten nach den Völkern, eintheilen.
Wir wollen diese Eintheilungen durchgehen. Man theilet also die Medaillen (I.)
in *publicas* und *privatas* ein. Man hat
erst sehr spät daran gedacht, publica auctoritate Medaillen schlagen zu lassen. Die
Päbste haben den Anfang damit gemacht.
Doch hat man auch päbstliche Medaillen,
die privata auctoritate geschlagen worden.
Denn das war vor dem allenthalben erlaubt. Herzog Ernst August hat es erst in
seinen Landen verbotten. Man theilet die
Medaillen (II.) nach ihrer Größe ein.
Diejenige, die eine ausserordentliche grosse
Form haben, werden *Medaillons* genannt.
Die Größe unterscheidet auch überhaupt

insge-

insgemein die Medaillen von den gangbaren Münzen, da sie ursprünglich nach ihrem Zweck immer grösser sind, und finden
wir es schon bey den Römern. Daher
werden in Italien die Medaillen gemeiniglich durchgebohret und aufgehangen. Man
hat aber wohl auf die gegossene und geprägte acht zu geben. Der Guß hatte allerdings auch seine Schwierigkeiten, wegen
der Einfassung, damit die Form nicht zer-
sprang, und wegen des accuraten Abdrucks.
Grosse Stücke konnten nun unmöglich mit
dem Hammer geprägt werden. Man fieng
zwar an, durch eine Presse die Medaillen
und Thaler zu drucken. Dieses hatte aber
auch seine Schwierigkeiten. Wir wollen
nun einige Medaillen von ausserordentlicher
Grösse erzehlen. Es gehören dahin 1) die
Medaille, die der König von Dännemark,
Christianus V. anno 1677. prägen lassen,
als er in einem Jahr dreymal die Schweden überwunden. Es stehet auf der einen
Seite derselben die See-Schlacht, mit den
Worten: Sic Godani turbas conciliasse
juvat; und auf der andern des Königs
Bildnis. Sie wird wegen ihrer Grösse,
billig für ein Wunderwerk gehalten. 2)
Der König von Preussen hat anno 1690.
eine noch grössere Medaille schlagen lassen,
da ihn jeder Stempelschnitt 1500. Rthlr.
gekostet.

gekoſtet. Er ließ darauf ſetzen: Pro Deo
& Miles. Dieſes hat man ihm für einen
Fehler ausgelegt. Es kan aber auch heiſſen: Auch der Soldat dienet GOtt. Sie
iſt anno 1733. geändert worden. Man hat
ſie in Silber zu 4. Rthlr. und in Gold zu
5., bis 600. Ducaten. 3) Als Caroli VI.
Gemahlin Eliſabeth anno 1716. mit dem
Erzherzogen Leopold entbunden ward, ſo
lieſſen die Stände in Brisgau, durch den
Abt zu St. Blaſii eine gar auſſerordentlich
groſſe Medaille, die 16. Mark Goldes
wog, und 8430. Gulden koſtete, überrei-
chen. Dieſes iſt die gröſte in der Welt.
Drey ſind nur von Silber gegoſſen. Eine
kupferne iſt zu Gotha. Man theilet die
Medaillen (III.) nach den Künſtlern ein.
Dieſe Eintheilung iſt nicht in Münz-Cabinettern, ſondern nur bey Eiſenſchneidern
und Medailleurs, anzutreffen. Zu einer
ſolchen Sammlung gehören lauter Origina-
lia; und es iſt ſehr koſtbar, alle Stücke eines Meiſters zu haben. Daher die Künſtler von einem jeden nur einige zu erlangen
ſuchen. Die Italiäniſche Künſtler werden vor allen hoch gehalten. Travano,
Lucenti, Ortolani, u. a. m. ſind ſehr berühmte Meiſter geweſen. Heut zu Tage
floriren die Hamerani zu Rom ſehr darin.
Unter den Franzöſiſchen floriret darin der
J 4 Varin,

Varin, der unter Ludovico XIII. die schönen Louis d'or geschlagen; der Cardinal
Richelieu zog ihn aus Italien dahin. In
Teutschland hat man den Sebastian Dad-
ler jederzeit billig für einen sehr zierlichen Me-
daillen-Künstler gehalten; er hat die schöne
Sterbemünze des Königs Gustav Adolphs
geschnitten. Nach ihm folgen Müller und
Westener. Heut zu Tage ist der Hede-
linger, ein Schweizer sehr berühmt, wie
auch Holzhain. Doch übertrift sie der
Schmelzing sehr weit. Carlstein und Pfalz
haben es in Teutschland und Schweden
am weitesten gebracht, und sie sind den
französischen Künstlern ziemlich gleich gekommen. Die Franzosen schlagen einen erhabenen Stempel in ihre Münzen, daß also
nicht leicht falsche gemacht werden können.
Von Carlstein sind sehr schöne Stücke aus
Schweden nach Cassel gekommen. Die
Juden-*Medaillen* sind auch sehr merkwürdig. Zu Prag ist zur Zeit des Kaysers Rudolphi II. ein Jude gewesen, der ein geschickter Goldschmid war. Weil nun der
Kayser die Künsten überhaupt, und besonders die Medaillen, sehr liebte, so kam der
Jude auf den Einfall, Medaillen zu schlagen und für alte auszugeben. Die meiste
wurden von Golde geschlagen, aber es war
nur rund herum ein goldenes Blechgen, und
in

in der Mitte ein Blech. Man verkaufte
Stücke vor zehen Ducaten, die nur zween
am Golde hatten. Der Münzer muste den
Kopf darüber verliehren. Sie werden in
historische und moralische abgetheilet. Er
hat die alten Kayser abgebildet. Es sind ihrer in allem 21. Stücke von den vornehmsten, nemlich 15. historische und 6. moralische; mit alten Buchstaben. Sie sind
sehr selten zusammen anzutreffen. Ich habe den Betrug selbst entdeckt. Man theilet
die Medaillen endlich (IIII.) nach den verschiedenen Völkern ein, bey denen sie geschlagen worden. Diese Eintheilung ist die
gewöhnlichste und beste, und nach derselben
wollen wir also auch die Medaillen selbst
durchgehen. 1) Die Päbste haben, wie
oben schon angemerkt worden, den Anfang
gemacht, ihre Thaten durch silberne und
kupferne Monumenta zu verewigen. Sie
hatten auch die schönste Gelegenheit dazu,
da man in Italien die grösten Künstler hatte. Claudius *de Molinet* hat die päbstli-
chen Medaillen am ersten beschrieben. Nachher hat ein Jesuit zu Rom, Philippus *Bo-
nanni*, dieselbe anno 1690. in zween Folianten noch besser, als *Molinet*, in Kupfer stechen lassen. Mit dem Pabst Marti-
no V. fangen sich die päbstliche Medaillen
an von anno 1417. Vor kurzem hat Bo-

J 5   dulti

dulti *Venuti* anno 1744. die päbſtlichen
Medaillen am beſten beſchrieben; von den
42. Päbſten, welche Medaillen ſchlagen
laſſen, hat er 847. Stücke zuſammen gebracht; er hat die Current - Münzen von
den Medaillen ſehr wohl unterſchieden; es
ſind aber keine Kupfer dabey; er hat auch
vorher ein Maas der Medaillen geſetzt, und
darnach die rechte Gröſſe allemahl angege-
ben. Die päbſtliche Medaillen ſind aber
heut zu Tage ſehr ſelten zu finden. In den
neueren Zeiten haben ſich die Hamerani im
Medaillen - Schneiden hervorgethan, die
von Urſprung Teutſche, und zwar aus
München, ſind. Die Päbſte laſſen ihre
Medaillen faſt alle in Kupfer prägen, und
verſchenken ſie auch ſo. Einige wenige aber
werden für groſſe Herren von Gold und
Silber geſchlagen. Man hat die Hiſtorie
der Päbſte von dem heiligen Petro an in
244. Medaillen geſchnitten. 2) Unter den
franzöſiſchen Medaillen ſind diejenige ſehr
rar, die des Königs Ludovici XIII. Ge-
ſchichte vorſtellen. Die Academie, beſonders *Dacier*, *Deſpreaux* und *Renaudaut*,
machten die Inventiones, und hatten auch
die Aufſicht darüber. Der berühmte Ko-
pée muſte die Medaillen zeichnen. Rettier,
uud andere, muſten ſie ſchneiden. Der König ließ ſie auch ſchön in Kupfer ſtechen.
Und

Und so kam es anno 1702. unter dem Titel: Medailles sur les principaux Eveng-
mens, und anno 1723. noch einmal heraus. Es ist das schönste Buch, das in
der Welt seyn kan. Eine jede Medaille
davon hat wenigstens 200. Rthlr. nur zu
schneiden gekostet. Es haben verschiedene
Herren dieses nachmachen wollen. Der
König in Preussen wolte es thun, und ließ
einige Medaillen schlagen; er hörte aber
bald damit auf; der gelehrte *Kramer* hat
sie in lateinischer Sprache sehr schön beschrieben, mit prächtigen Kupfern. In Schweden hat der berühmte Höpfling, ein
Schweitzer, einige von dem Gustavo gemacht, wozu die Academie der Alterthümer die Inventiones hergegeben. Der Kayser Carolus VI. hat durch den Hereum,
einen catholisch gewordenen Schweden,
auch schöne Medaillen von sich schlagen lassen, die aber durch die Italiänische Kriege unterbrochen worden. 3) Von Portu-
giesischen Medaillen sind wenige Nachrichten. Es ist, so viel man weiß, nur eine
bey der Stiftüug der Academiæ Lusitani-
cæ geschlagen, worauf der König die kni-
ende Historie aufhebet, mit der Umschrift:
Historia resurgens. 4) Von Spanien
sind nur Philippi II. und Caroli II. Medaillen vorhanden. Conf. *Herrgott* in
Numo-

Numotheca Auſtriaca. 5) Die Franzo-
ſen (vide N. 2.) ſind ſorgfältiger geweſen,
die Thaten ihrer Könige in Medaillen auf-
zuzeichnen. Conf. *Bier* Francia metallica,
der aber niemals die rechte Gröſſe, auch
nicht, ob ſie publica oder privata auctoritate geſchlagen worden, anzeiget. 6)
Die **Engliſche** Medaillen fangen ſich erſt
mit der Königin Maria, Henrichs des Achten Tochter, an. Unter der Königin Eliſabeth ſind ſie zahlreicher worden, wozu die
glückliche Regierung dieſer Königin Anlaß
gab. Beſonders iſt die Medaille rar, die
ſie anno 1588. auf die Beſiegung der
unüberwindlichen Spaniſchen Flotte des
Königs Philippi II. die die Königin vom
Throne ſtoſſen ſolte, ſchlagen ließ; auf deren einen Seite das Bildnis der Königin,
und auf der andern ein Seetreffen, mit der
Umſchrift: Heſperidum Regem devicit
Virgo, ſtehet. Die Spanier ſchlugen
eine Medaille dagegen, mit der Ueberſchrift:
Heſperidum Regem devicit Virgo, negatur, eſt Meretrix vulgi. Die Engelländer antworteten aber mit einer andern
Medaille, worauf ſtand: Heſperidum
Regem devicit Virgo, negatur, eſt Meretrix vulgi, Res eo deterior. Unter
dem Könige Jacobo II. wurden ſehr viele
geſchlagen. *Ebelinus* hat die alten Engli-
ſchen

schen Medaillen in Englischer Sprache schön
beschrieben. 7) Holland hat sich aber am
meisten in Medaillen sehen lassen, nachdem
es, als eine Republick, viele Veränderungen erdulten müssen. Conf. *Pisot* dans
l'Histoire metallique de la republique
Holland 1688. *De Loon* 1732. worin
2945. Medaillen sind. 8) In Dännemark sind die Medaillen unter Christiano
IIII. aufgekommen. Conf. Oligerii *Ja-
cobei* Musæum Danicum. Die merkwürdigste ist diejenige, die der König Christianus IIII. anno 1629. beym Anfang des
dreyßigjährigen Kriegs schlagen ließ. Es
stehet darauf ein Löwe, der ein Pferd zer-
reißt, mit der Umschrift: Frustra te op-
ponis, frenande caballe, Leoni; albus
eras, rubrus, si modo pergas, eris.
Das Dänische Wapen führet nemlich Löwen, und das Braunschweigische ein Pferd.
Es galt also auf Braunschweig, und die
Münze hat nach getroffenem Vertrage müssen eingeschmolzen werden. 9) In Schweden fiengen die Medaillen von Gustavo
Adolpho an. *Brenner* in Thesauro Sueo-
Gothicorum Numorum erzehlet sie. Besonders sind auch unter der Königin Christina von vielen Italiänischen Meistern Medaillen geschlagen worden. 10) In Rußland hat der grosse Peter auf seine Thaten
Medail-

Medaillen schlagen lassen, mit Rußischer Umschrift, und zwar nach dem Siege bey Pultawa. 11) In Teutschland hat das Haus Sachsen die meisten Medaillen schlagen lassen. Besonders ist die rar, die der Churfürst Mauritius anno 1544. schlagen lassen; die Heinrich Reitz geschnitten; die Figuren sind fast alle darauf gelötet; sie stellet auf der einen Seite die heilige Drey-Einigkeit, wie sie die Engel anbeten, vor, und auf der andern ist ein Stück von dem Symbolo Athanasii. Alle Medaillen von Sachsen anzuführen würde zu weitläuftig seyn. Besonders ist auch noch diejenige zu merken, die auf die Halsbrücke, ein Sil-ber- Bergwerck bey Freyberg, geschlagen worden. Das Haus Braunschweig-Lü-neburg hat auch sehr viele Medaillen schla-gen lassen. Sie haben schon anno 1530. angefangen. Drey sind darunter zu mer-ken. Es ist bekannt, daß die beyde Brü-der, Herzog Rudolph August, und Anton Ulrich, zu Wolfenbüttel, in einer solchen Einigkeit gelebet, daß es alle nicht genug bewundern können. Anton Ulrich ward auch von seinem Bruder mit in die Regie-rung aufgenommen. Wie der Spanische Succeßions Krieg angehen solte, so gewann der König von Frankreich den Herzog An-ton Ulrich, daß er 4 bis 5000. Mann für
ihn

ihn werben muſte. Das Haus Hanover,
ware hingegen Kayſerlich geſinnet, daher
ließ es im Wolfenbütteliſchen alle franzöſiſche Truppen aufheben. Der Kayſer
ſchrieb an den Herzog Rudolph Auguſt, daß
er ſeinen Bruder der Regierung entſetzen
ſolte. Anton Ulrich ward alſo herunter geſetzt. Er bezeugte ſeine Betrübnis durch
drey Medaillen. Auf der erſten iſt eine
Kugel, woraus die Luft gezogen iſt, und
die von zwey Pferden, nemlich dem Zell-
ſchen und Hannoverſchen, vergeblich angezogen wird, die aber hernach, da Luft in
dieſelbe gekommen, durch eine Hand von
einander gelegt wird; es ſtehen die Buchſtaben: P. G. S. C. L. auf der Hand. Auf
der andern iſt über P ein Ddumgen gezogen.
Sie bedeuten, daß der Kayſer auch die Ha-
noverſche Miniſtros gebraucht, dem Herzogen Rudolph Auguſt zuzureden. P bedeutet den Herzogen von Ploen; G den
Wolfenbüttelſchen Geſandten zu Hamburg;
S den Seidenſticker; C den Campe; L den
Lauterſack. Um die groſſe Münze ließ er
ſetzen: Was war unmöglich aller Macht,
das hat ein Schalk zuweg gebracht. Schalk
bedeutet auch die Miniſtros. Zuletzt wollen wir noch ein paar beſondere Arten von
Medaillen erwehnen. 12) Die Magiſche
Medaillen, oder Talismans, haben allerhand

hand dunkele zauberische Characteres. Man
meynt sich dadurch fest zu machen, und
glücklich im Spiel zu seyn, wenn man sie
bey sich trägt. 13) In neueren Zeiten sind
des Baron von Görtz Planeten Meda-
lien von 1715. bis 1718. die rareste. Eigentlich sind 10. anzutreffen, ob er gleich
14. schlagen lassen. Die vier, die er noch
darüber schlagen lassen, sind Alexander,
Hercules, Theseus, Dædalus. Die 10.
sind von 1715. Corona; von 1716. Publica fides; von 1717. Flink auch fertig;
von 1718. Jupiter, Phœbus, Saturnus,
Mercurius, Venus, Mars, Hoppet.

Die Nothmünzen sind auch sehr merkwürdig. Man hat nemlich bey Belagerungen und schweren Kriegen, entweder von
Erz, aber im höherem Gepräge, oder von
Leder, oder auch von Papier, wie in Leyden, Geld geschlagen. Anno 1524. als
Antonius Luca, des Kaysers Caroli V.
General, in Pavia belagert wurde, ist das
erste Nothgeld aus dem Silberzeuge der
Vornehmen geschlagen worden. Gemeiniglich sind sie viereckigt, und nur mit einem Stempel. In Holland sind die meiste
geschlagen worden, weil da auch die gröste
Belagerungen gewesen sind.

Zuletzt

Zuletzt sind die *Jettons*, Rechenpfenninge, Numi Calculatorii, calculi, zu merken. Man hat darauf gewisse Begebenheiten vorgestellet, und sie von Silber in Frankreich den Reitmeistern zum Geschenk gegeben. Die Holländische und Französische sind die beste. Zu Paris hat die Facultas medica, und andere, die Freyheit, sie schlagen zu lassen. In Holland sind aber die meiste geschlagen.

CAP. III.

Von Antiquitäten-Zimmern.

Die Antiquitäten-Zimmer pflegt ein Gelehrter auf seinen Reisen auch mit grossem Nutzen zu besuchen. Es sind uns aus den ältern Zeiten nicht nur Münzen, sondern auch viele andere Kunst-Stücke, aufbehalten worden. Solche Zimmer pflegen Musea antiquaria genännt zu werden. Die kultivirteste Völker, die Egypter, Griechen, und Römer, haben dergleichen Kunst-Stücke nachgelassen. Der Vorrath, der in einem Antiquitäten-Zimmer angetroffen wird, ist hauptsächlich in vier Abtheilungen

K

lungen einzutheilen: 1) Statuen. 2) Geschnittene Edelsteine. 3) Steinschrif-ten, und 4) Künstliche *Instrumenta*. Wo wenig davon anzutreffen ist, da siehet alles untereinander, wo aber mehreres, da muß es in dieser Ordnung stehen. *Sphon* nennet die Lehre von Statuen Iconographiam; die Lehre von geschnittenen Edelsteinen Clyptographiam; die Lehre von Steinschrif-ten Lapidariam seu epigrammatographicam Artem; und endlich die Lehre von künstlichen Instrumenten Angæographiam. Dieser Methode werde ich mich auch bedie-nen.

Bey den Statuen haben wir wieder zweyerley zu bemerken: die Lehre von den or-dentlichen Statuis, oder die Statuaria; und die Lehre von den flachgeschnittenen Bildern, oder die Dorevmatica. (I.) Die ordent-liche Statuen können wir Teutsche durch kein eigentliches Wort ausdrucken, und das ist ein Beweiß, daß unsere Völker keine Bilder gehabt haben, und keine Götzen-diener gewesen sind. Man nennet sie zwar Bildsäulen. Allein dieser Name druckt nicht alles aus. Wir finden vier Arten von Statuis: eigentliche Statuen; croppi; busti; und termini; welches alles Italiä-nische Wörter sind. 1) Die eigentliche
Statuen

Statuen werden wieder verschiedentlich ein=
getheilet. Man theilet sie (a) ein nach
der Materie, in solche, die von Erz, von
Elfenbein, und von Steinen sind. Die
steinerne sind entweder aus Marmor, oder
andern festen Steinen, gehauen. Wie
aber der Marmor von verschiedener Art ist,
so sind auch die marmorne Säulen verschie=
den. Man hat nemlich Marmor von der
Insel Paros aus dem Archipelagus, und
zwar weissen; Granit oder hochrothen aus
Egypten, davon die römische Obelici sind;
Porphyr oder blutroten, der desto kostba=
rer ist, je weniger Flecken er hat; Lapidem
Lydium, Probierstein; schwarze, davon
viele busti sind; von Grauen oder Alaba=
ster, der sich mit einem Federmesser schaben
läßt, und davon die Statuen sehr zerbrech=
lich sind; die aus Parisischem Marmor,
und aus Porphyr, sind die rareste. Die
andere Materie ist Metal. Man hat bey
der Römer Verschwendung auch goldene
gehabt, und *Juvenal* verspricht dem Seia=
nc, er wolle ihm sein Bildnis aus Gold
machen lassen. Auch von ehernen findet
man noch zuweilen Köpfe in der Erden.
Die dritte Materie ist Elfenbein, von ei=
nem Elefantenhorn, nicht aber von einem
Zahn, weil der zu klein ist, Bilder daraus
zu machen. Sie sind nur klein. Man

strei=

ſtreitet ſehr darüber, ob ſie auch jemals bey
den alten gebräuchlich geweſen ſind. Sie
werden Alters halber leicht gelb. Man theilet die eigentlichen Statuen (b) ein nach
ihrer Gröſſe in ſolche, die von übernatür-
licher Gröſſe, ſolche die von mitlerer Gröſſe, und in ſolche, die kleiner ſind. Die
überaus groſſe werden Statuæ in Formâ
Coloſſea genannt, von der groſſen Säule
Coloſſus auf der Inſel Rhodus. Vor
Zeiten machte man insgemein ſeptempedi-
les Statuas, und, da ſie hoch geſtellet wurden, ſo müſten ſie ſo gros ſeyn. Die mit-
lere wurden in Nichen an Gebäuden gebraucht. Die kleinere heiſſen Signa, und
ſind auch wohl Fingerslang, und überhaupt
gar nicht Ellen lang. Man theilet die eigentlichen Statuen (c) ein nach der Kleidung in nackende und bekleidete. Die
Kunſt der alten Statuariorum zeigt ſich beſonders in den nackten Statuen. Unter
den älteſten nackten Statuen iſt die Venus Florentina Medicea die ſchönſte. Sie
hat zu Rom in dem Pallaſt des Grosher-
zogs geſtanden. Cosmus III. hat ſie über-
nach Florenz holen laſſen. Sie iſt aus Pa-
riſiſchem Marmor von Cleomene und
Apollodoro gemacht. Sie ſtehet vorwärts
herüber gebeuget, um die Schamhaftigkeit anzudeuten. Sie hat bey der Aeber-

fahrt

fahrt ein wenig Schaden gelitten. Man bewundert daran Schönheit, Schamhaftigkeit, und Blüthe der Jugend. Einige tadeln daran, daß der Kopf zu klein, die Nase zu dicke, und die Finger zu lang wären, und daß an der rechten Hand der kleine Finger kein Gelenke hätte. Sie ist aber noch nicht ganz ausgearbeitet gewesen. Man hat viele kleinere Abbildungen davon. Der Hercules Farnese im Farnesischen Garten zu Rom ist auch unvergleichlich schön, und in Forma Colossea. Er lehnet sich auf einer Käule. Die Statua Apollinis Pythii zu Rom bildet einen jungen starken Menschen unvergleichlich ab. Bey den nackten Bildern der Alten beobachtet man, daß die Alten alle ihre Götter so abgebildet haben; besonders haben sich auch die Kayser, und hauptsächlich Commodus, so abbilden lassen wollen. Bekleidete alte Statuen haben wir viele von Kaysern, von berühmten Männern, e. g. Rhetoribus, von den Virginibus Vestalibus, von den Kayserinnen. Man kan aber aus den alten Statuen, die bekleidet sind, doch die Art der Kleider, ob es Toga, Stola, oder Sagum, seyn soll, nicht recht erkennen. Die neuere haben die Kleider so gar dergestalt in Falten gelegt, daß man auch aus der Dünne oder Dicke derselben schliessen können,

K 3

nen,

nen, was es für Art Kleider, und von
was für einem Gewand, sie wären. Man
theilet die eigentlichen Statuen (d) ein nach
ihrer Lage in stehende, pedestres, liegende, jacentes, cubantes, und reitende,
equestres. Von stehenden hat man viele. Von reitenden nur noch zwey, nemlich den Marcum Aurelium Antoninum
auf dem Markte zu Rom, der aus Erz sehr
schön gemacht ist; und die Regisola, die
die Gothen zu Pavia gefunden, die aus
Erz ist, und von der man nicht eigentlich
weiß, was sie vorstellen soll. Von liegenden Statuen ist zu Rom im Belvedere
die Cleopatra aus schönem Parisischen
Marmor. Man findet auch da die Latona, wie sie Wasser schöpft. Ueberhaupt
müssen wir nun noch von den Statuen bemerken, daß die alte Schriftsteller nicht
gnug rühmen können von Statuen, und sie
höher, als Gemählte, schätzen. Eine Statue hat wirklich den Vorzug, daß sie von
allen Seiten gesehen werden kan, und weit
mehrere Kunst und Mühe erfordert, auch
von längerer Dauer ist. Von den Römern haben wir nur noch Gemählde, die
doch nur Wasserfarbe hatten, von den Egyptern und Griechen haben wir nur noch Statuas. Eine Statue ist auch weit kostbarer, wenn man auch nur die Materie ansie-
het.

het. Die Römer und Griechen haben alle
Götter, und alle berühmte Leute, in Statuen vorgestellet. *Plinius* sagt, auf der
Insel Rhodus wären über drey tausend,
und darunter hundert Colossea. Er nennet diese Lust, sich eine Statue setzen zu lassen, humanissimam Ambitionem, und
überhaupt rühmen die Alten die Begierde,
sich eine Statue setzen zu lassen, besonders
an Kaysern sehr. *Cicero* de Natura Deorum Lib. 1, Cap. 6. sagt: Deos ex Facie
novimus, qua Pictores & Sculptores
voluerunt. Die Alten haben auch eine
grosse Accuratesse dabey gebraucht. Conf.
Emundus *Frigellius* de Statuis veterum.
2) *Crup i* sind Statuen, die aus vielen Figuren bestehen. Zwey schöne Stücke haben wir davon. Das erste Stück ist die
Statua Laocoontis, wie er mit seinen Kindern von den Schlangen getödet wird. Vid.
Plinius in Hist. Nat. Lib. 36. Cap. 5.
Archesander und Apollodorus haben dieses Stück gemacht. Hinten ist es noch nicht
ausgearbeitet; daher man glaubt, es habe
an der Wand gestanden. Der Bondinel-
li hat es nachgemacht, und nach Florenz
gebracht. Das zweyte Stück sind die Ni-
obe mit ihren Kindern, wie sie von dem
Apollo erschossen werden, im mediceischen
Pallast. Es sind fünfzehen Figuren aus

Pari-

Parifischen Marmor daran. *Plinius* l. c. gedenket derselben auch. Zween Gladiato-res aus Erz gegossen, die zu Florenz stehen, gehören auch dahin. Unter die Cruppi ge-höret auch noch, als ein Wunderwerk, das Stück, welches zu Florenz ist: Le Rodi-no der Schleifer, eine liegende Mannsper-son, die ein Messer schleift; es ist der Bauer, der im Schleifen die Verschwö-rung des Catilina gehöret und nachher ent-decket hat. 3) Die *Busti* oder Brustbil-der waren in den Sälen der Alten häufig anzutreffen, und es werden noch viele gros-se Männer von Stein und Metal so gefun-den. Conf. *Boessardus*. Bey den Alten stehen sie nicht auf Postementen. Die Go-then haben den Bildern aber die Nasen alles entzwey geschlagen. Die alten Busti haben auch keine Augäpfel; neuere Künstler ha-ben aber goldene oder silberne hineingesetzt. 4) Die *Termini* sind Bilder, die unten breit sind, und oben spitz zusammen lauffen. Man hat was darauf gelegt, oder sie auch in Gärten als Grenzzeichen gesetzt. (II.) Die flachgeschnittene Bilder, Dorevma-ta oder Baßi relievi, sind eherne und steiner-ne Tafeln, darin ganze Geschichte abgebil-det worden. Man findet sie in Stein, Erz, und Elfenbein. Die Probe siehet man zu Rom an der Colonna Trajani, woran

der

der ganze Dacifche Krieg abgebildet ift.
Man zählet 2200. folcher Figuren daran.
An der Colonna Marci Aurelii Antonini
findet man auch Figuren, die den Marko-
mannifchen Krieg vorftellen. An der Colonna Trajani find die Figuren gröber.
Bellori hat beyde befchrieben. An alten Ge-
fäffen trift man auch folche Figuren an,
auch an Säulen, an Grabmählern, an
überbliebenen Stücken von Altären, am
meiften aber an alten Gebäuden. Von allen diefen kan man den *Montfaucon*, und
des *Gori* Mufeum Florentinum, welches
noch beffer gefchrieben ift, nachfehen. Wir
müffen nun überhaupt noch von allen diefen Dingen merken, daß von den kleinen
Bildern oder Signis fehr viele nachgegoffen
find. Wenn alfo die eherne nicht den alten
Firnis haben, fo muß man fie nicht für
alt halten. Man findet am meiften Römi-
fche Statuen; von Griechifchen und Egy-
ptifchen nur Stückgen. Zu Rhodus oder
auf fonft einer Griechifchen Infel leiden es
jetzt die abergläubifche Muhammedaner
nicht, daß man darnach in der Erden fu-
chet. Vor kurzen hat man angefangen,
die Hetruscifche Statuen aufzufuchen, und
man ift fo glücklich gewefen, viele zu finden.

K f   Die

Die geschnittene Edelsteine sind sehr merkwürdig, daher sie eine besondere Wissenschaft, die Clyptographiam, veranlaßt haben, welche Benennung von κλυφο, sculpo, hergenommen ist. Die Lateiner brauchen zwey Wörter, Sculpo, davon komt Sculptura, und Cælo, davon komt Cælatura. *Quinctilianus* Lib. 5. Inst. Orat. sagt: Sculpturæ & Cælaturæ Discrimen in Materia est. Er meynte nemlich, Sculptura fände in Elfenbein und Edelsteinen, Cælatura aber nur in Erz statt. Aldus *Manutius* beweiset, daß in erhabenen ausgegrabenen Sachen Cælatura, in hohl eingegrabenen Sachen aber Sculptura statt fände. Bey den heutigen Goldschmieden ist Cælatura erhabene Arbeit, und Sculptura eingegrabene. Die Alten brauchten cælare und sculpere von den Edelsteinen. Wir haben hiebey auf vieerley zu sehen, nemlich auf die Materie, die Gestalt, die Einfassung, und auf die Beurtheilung, ob sie wahr, oder falsch sind. (I.) Was die Materie der geschnittenen Edelsteine anlangt, so sind die alte keinesweges solche Steine, die wir heut zu Tage hoch halten, als Diamanten, Rubinen, u. s. w. sondern solche, die wir nicht mehr achten. Die alte Edelsteine sind 1) Onyx, der kostbarste bey den Alten, weil er zwo

Farben

Farben hat, er ist bräunlich mit weissen und rothen Adern; 2) Jaspis, der sich leicht in grosse Stücke brechen ließ; 3) der Agat, der am gemeinsten war, den schwarzen schäzte man nicht hoch, weil er nicht in die Augen fiel; 4) Carniol, der ins dunckelrothe fiel; 5) Sardonyx, von Sardes und Onix, mit weissen und rothen Strahlen. Ametisten, Opale, und Chrysoliten findet man wenige. (II.) Der Gestalt nach sind die geschnittene Edelsteine entweder tief oder erhaben geschnitten. Von den ersten giebt es weit mehrere, als von den anderen. Die letztere werden von den Italiánern Cumei genannt. Die tiefgeschnittene wurden zu Siegelringen, die erhaben geschnittene hingegen zu Zierathen am Geschirr gebraucht. Sie stellen entweder blosse Köpfe, oder ganze Bilder und Historien, oder Hieroglyphische Figuren vor. Die Köpfe sind sechserley. Man findet darauf Köpfe der Götter und der Priester; der Helden; der Könige und berühmten Männer; der Kayser; der Philosophen, Redner und Poeten; und Gemeine. Die erhabene Bilder sind sehr schön, da man oft die Farben in dem Stein so schön ausgesucht. Man findet gemeiniglich nur Bilder von Gesichts-Stücken. Man findet eines, auch öfters mehrere Gesichter, auf einem

nem Steine, z. E. auf dem Helm der Mi-
nerva sind zwey Gesichter. Diese Steine
kamen sehr hoch zu stehen, wie man aus
dem *Plinio* sehen kan. Es ist fast keine berühmte Fabel und Geschichte, bis auf das
zweyte Sæculum, die man nicht in Steine
geschnitten hätte. Alle Arten des Gottes-
dienstes, die Bacchanalia, Floræ sacrâ,
Raptus Proserpinæ, u. s. f. hat man auch
sehr schön geschnitten. Drey vortrefliche
Stücke finden wir noch. Das erste ist das
Cachet des Michaelis Angelo, oder sein
Pittschierring, darauf das Geburtsfest des
Bacchi in Sardonyx sehr klein geschnitten,
mit 15. Figuren, die man mit Vergrösse-
rungs Gläsern besehen muß; der König in
Frankreich hat diesen Stein vor 800.
Louis d'or gekauft, und nach Versailles
bringen lassen. Das zweyte vortrefliche
Stück ist ein Edelstein, der die Apotheosin
Augusti vorstellet; diesen hat Philippus
pulcher von den Tempelherren gekauft, und
in ein Closter geschenkt; nachher hat ihn
der Kayser Rudolphus vor 8000. Ducaten
gekauft, und nach Wien bringen lassen;
vid. *Burenius* in Thesauro Antiquitatum
Romanarum Græviano Tom. 3. Das
dritte vortrefliche Stück ist ein Stein, der
die ganze Familiam Juliam vorstellet, und
zu Paris aufbewahret wird; *Le Bois* hat
ihn

ihn beschrieben. *Gorleus* hat alles dieses
beschrieben, den *Gronovius* herausgegeben
hat. Eine Art von Steinen nennet man
Abraxas, oder abergläubische Egyptische
Steine. Man legt sie den Basilidianern
bey. *Irenæus, Augustinus*, und andere
Kirchen-Väter, eifern sehr dagegen. In
Cassel auf dem Kunsthause sind sehr viele
anzutreffen, da der Grosvater des jetzigen
Landgrafen in Venedig viele gekauft hat:
es ist besonders ein Schmuck einer Constan-
tinopolitanischen Prinzeßin da, der aus
lauter Cameis bestehet. Von den Abra-
xis kan man den *Chifletiam* nachsehen. Die
Egypter haben zuerst angefangen Geschichte auf Steine zu schneiden, von denen es die
Griechen gelernet, und besondes *Pyrgote-
les*, von dem der grosse Alexander nur in
Stein geschnitten seyn wolte. Callimachus,
Lysippus, Theodorus, Cronius, waren
auch Griechische Steinschneider. Sie nannten sich Lytographos. Conf. Philipp
von Stosch von 70. Steinen, davon 47.
Namen auf jedem von den Meistern stehen.
Das Buch ist auch auf der hiesigen Bibliotheck. (III.) Was die Einfassung betrift, so ist zu merken, daß die geschnittene Edelsteine entweder eingefasset oder un-
eingefasset sind. Eingefasset sind sie entweder in Ringen, oder in Gefässen, und so
kan

kan man sie gegen das Licht sehr wohl betrachten. Man findet sie auch am Kirchen-
Geschir. Z. E. zu St. Denys an einem
Kelche stehen Steine von den Sacrificiis
Bacchi. Man findet sie auch uneingefas-
set, die man erst mit ein wenig Wasser,
aber ja mit keinem Speichel, der nur zähe
ist, anfeuchten, und so in ein rothes Wachs
abdrucken kan. Zu Dresden ist ein Künstler, Lippert, der auf seinen Reisen solche
Abdrücke gesammlet, in Gips abgegossen,
und mit Gummi überzogen hat; er verkauft sie auch, und oft auch verguldet; er
hat Kästgen zu 8. und zu 12. Ducaten; daraus man vieles lernen kan. (IIII.) Was
endlich die Beurtheilung der wahren und
falschen geschnittenen Edelsteinen betrift, so
ist zu merken, daß, so hoch diese Kunst zu
achten ist, so viel Betrug dabey auch nachher vorgegangen sey. Nemlich 1) hat
man die alten Steine durch einen Glaßfluß
nachgemacht, da das Glaß geschmolzen,
und der Edelstein darin abgedruckt wurde;
die Römer nannten es schon Vitrum obsic-
canum. Conf. *Seneca* Epist. 90. *Pli-*
nius Hist. Nat. Lib. 39. Cap. 26. der
Herzog von Orleans hat bey der Minder-
jährigkeit des Königs Ludovici XIIII. diese
Kunst auch erlernet; man kan aber die Nach-
güsse nicht so hart, als Edelsteine, machen:
die

die Kunst ist noch üblich. 2)Haben sich auch
neuere Lytographi gefunden, die neue geschnitten haben; in Italien der Frecia,
Constanti, und andere; in Teutschland
der Dorisch, der nur ein Glaßschneider in
Nürnberg gewesen, da ihm der Gottfried
Thomasius angab solche Steine zu schneiden, die im Gemmario magno beschrieben
sind, Ebermeyer kaufte sie, der König
von Portugal hat 10000. Rthlr. davor
gegeben. Schon ein alter Schriftsteller de
Gemmis hat über den Betrug geklaget.
Man hat also bey einem Vorrath von alten geschnittenen Edelsteinen hauptsächlich
darauf Acht zu geben, ob sie ächt sind, da
man allerdings mehr alte Edelsteine findet,
als Münzen. Conf. *Phædrus* Lib. Fab. 1.
Man kan noch nicht satsam anzeigen, wie
man die ächten Edelsteine von den falschen
unterscheiden soll; weil die Gelehrten sich
mehr darum bekümmern, was darauf stehet, und weil die wenigste das Steinschnei-
den gesehen, und daher unmöglich die ächten alten Steine unterscheiden können. Bo-
delot *de Terval* de l'utilité des voyages
Tom. 1. pag. 350. meldet, daß ein geschickter junger Mensch davon schreiben
wollen, aber darüber gestorben sey, er gibt
Excerpta davon. Der Herr Prof. *Christ*
in Leipzig ist in seiner Dactyliotheca Rich-
teriana.

teriana, worin er die schöne Sammlung
von alten geschnittenen Edelsteinen des Rich-
ters, eines vornehmen Leipziger Kaufmanns, beschrieben, besser verfahren, und
hat darin auch de Signis, e quibus Ma-
nus antiquæ cognosci queant in Gemmis gehandelt. 1) Sagt er, mus man
auf die Art der Alten, die Steine zu schneiden, Acht geben; *Plinius* in Hist. Nat.
Lib. 37. Cap. 5. sagt, die Alten hätten
mit kleinen Sculpellis von Diamant die
Steine ausgeschnitten, welches eigentlich
Sculpere genannt werden müsse; heut zu
Tage hat man eine kleine Maschine, die
wie eine Drechselbank ist, die man auf den
Tisch setzet, den Diamant einschraubet,
darauf die Figur abzeichnet, einen scharfen
Griffel mit Diamant Feilstaub oder Dia-
mantport bestrichen, darauf hält, und dann
das Rad herum drehet, und so schleifet.
2) Muß man auf die accurate Zeichnung
der Alten sehen, die *Plinius* auch sehr rüh-
met. 3) Muß man sich merken, daß die
Alten gemeiniglich, was in ihren Gebräu-
chen, Kleidern und Sitten, üblich gewesen, hineingesetzt haben, welches die neuere nicht thun. 4) Haben die Alten gerne
kleine Jaspis, Sardonix, Apalet, u. s.
w. verarbeitet; die neuere aber in Carniol, Agat, Chalcedon.   Conf. *Chifletii*
Judicium

Judicium de Gemmis sacratis Effigie ornatis; denn man findet faſt keine Sammlung, da nicht viele Köpfe des .... ſind. Cônf. Traité de piérres graveés en mariette, Paris 1750. in zwey kleinen Folianten: der Steinſchneider *Bouchardon* iſt eigentlich der Verfaſſer davon; es iſt ein rechtes Kunſtbuch vom Steinſchneiden, dem eine Bibliotheck von den Büchern der Steinſchneide = Kunſt, und die Sammlung der Edelſteine zu Páris, beygefüget iſt.

Die Steinſchriften ſtehen nicht allemahl in dem Antiquitäten = Zimmer ſelbſt, weil ſie das Haus zu ſehr beſchweren würden; ſondern man pflegt ſie in Gallerien und öffentlichen Plätzen einzumauren. Man will ſchon Columnas Sethi gefunden haben, ſi Fabula vera eſt. Weil der Stein am härteſten und dauerhafteſten war, ſo hat man darin entweder erhaben, oder tief eingegraben. Beſonders findet man viele in Marmor. Man hat auch viele in eherne Tafeln gegraben, z. E. die Leges duodecim Tabularum, und alle Scta und Leges bey den Römern. Erſt neulich hat man in Italien eine Tafel von erſtaunender Gröſſe, die eine Stiftung des Kayſers Trajani von einem Waiſenhauſe enthält, gefunden: der Bauer, der ſie ausgrub, zer-

L   ſchlug

schlug und verkaufte sie; und hernach erfuhr
es erst ein Gelehrter.   Um die Inscriptiones haben sich die Gelehrte eher bekümmert,
als um die Münzen, da sie mehr in die
Augen fielen, und daraus hat man vieles
erkläret.   Wir reden hier aber nur von den
alten Steinschriften der Griechen und Römer.   Denn ob wohl die alte Gothische
Völker viele Steinschriften gehabt, so kommen sie doch nicht zu uns, und werden
auch nicht in Antiquitäten-Zimmern aufbehalten. Die Griechische Inscriptiones übertreffen gewissermassen an Menge die Lateinischen.   Der Graf von Arundel hat eine ge-
waltige Menge gesammlet, und nach Ox-
ford geschenket; die *Seldenus* sehr erläutert:
Spohn hat sich auf seinen Reisen auch sehr
bemühet, sie zu sammlen.   Sie sind überall anzutreffen, da sich die Griechen unter
dem Alexandro Magno allenthalben ausgebreitet haben.   Den Griechen haben es
die Römer nachgemacht, die durch den ganzen Orbem Romanum, so gar auch durch
ganz Brittanien und Spanien, ihre Inscriptiones ausgebreitet haben. Die Steinschriften enthalten nicht allein Grabschriften,
oder Inscriptiones an Häusern; sondern
man findet auch darauf ganze Verträge unter
Völkern, Leges, Fastos, Testamenta,
Chronica.   Die älteste ist zu Rom an der
Basi

Baſii der Colonna Duillii, da die Römer
unter dem Duillio ſo viele Schiffe erobert,
und davon die Schnäbel angenagelt. *Ciac-
coni* und Aldus *Manutius* haben ſie erläutert. Es iſt zu bedauren, daß das Monu-
mentum Ancyranum zu Ancyra in klein
Aſien, darauf die ganze Römiſche Macht
unter dem Auguſto ſtehet, nicht von den
Türken erlanget werden können, ob ſich
gleich *Busbequius*, und andere, ſehr darum
bemühet hat. Alle Inſcriptiones ſind Litteris Uncialibus und Quadratis, weil die
Inſcriptiones alle hoch geſetzt wurden. In
einigen marmornen Inſcriptionibus ſind
metallene Buchſtaben eingeſetzt geweſen.
Man findet daher auch noch viele Buchſtaben davon, die ausgefallen ſind. Man findet ſie in ganzen Zeilen, und zwiſchen einem
jeden Worte ſtehet ein Punctum oder ein
Blümgen. In der Orthographie haben
die Inſcriptiones einen groſſen Nutzen, daraus auch der Aldus *Manutius* ſeine Or-
thographiam latinam geſammlet. Es
kommen aber darin auch oft Errores Fa-
briles vor, da ſie anders geſchnitten, als
im Schreiben gebräuchlich geweſen. *Noriſius* in Illuſtratione cenotaphii Cæſarum
Caii & Lucii, die zu den Zeiten des Au-
guſti Principes Juventutis waren, denen
zu Piſa ein Denkmal geſetzt wurde, rüh-

L 2   met

met den Nutzen der Inſcriptionum ungemein. Es kommen in den Inſcriptionibus auch viele Abbreviaturen vor, da man den Raum ſparen muſte. Conf. Sertorius *Urſatus* de Notis Romanorum. So iſt z. E. noch nicht ausgemacht, ob man *Agellius* oder *Aulus Gellius* leſen ſolle, da die beſte Codices der Noctium Atticarum *Agellius* haben; in einer Inſcription aber, die Aldus *Manutius* hervorgebracht, ſtehet zwiſchen dem A und Gell. ein Punctum. Es gibt Inſcriptiones Ethnicas und Chriſtianas. Die Chriſtliche ſind aber an dem Monogrammate Chriſti χ und ρ zu erkennen, wie es dem Conſtantino Magno erſchienen ſeyn ſoll. Conf. Joannes Burchardus *Mencke* Diſſ. de Monogrammate Chriſti. Es ſind auch viele Inſcriptiones betrieglich nachgemacht. Der *Annius Viterbienſis* hat ſie graben laſſen, und ſie, ehe er ſie producirte, erſt eine Zeitlang in Weinbergen verborgen. Conf. Leo *Allatius* in Antiquitatibus Hetruscis. Die Inſcriptiones ſind ſchon alle in Büchern aufgezeichnet. Petrus *Apianus*, Teutſch: Bienewiß, hat ein ganzes Corpus Inſcriptionum geſammlet. Nachher hat Janus *Gruterus* das groſſe Opus Inſcriptionum geſammlet und heraus gegeben, welches *Grævius* revidiret, und zu Amſterdam 1707.

1707. heraus gegeben. *Reinesius* hat aber
die Inscriptiones sehr schön erkläret, und
nach ihm Raphael *Fabrottus* zu Rom 1699.
Man braucht also auf Reisen nicht alle abzuschreiben. Es gibt aber auch zweifelhafte
und lächerliche Inscriptiones. Hieher gehöret die zu Bononien, die man sich anmer-
ken kan; sie fängt sich an mit den Worten:
Ælia Lælia Crispis; man hat viele Com-
mentatores darüber, z. E. den *Maftricht*
1704. Achilles Folta, ein Senator Bo-
noniensis, hat sie erneuren lassen. Zuletzt
ist noch zu merken, daß die alte Inscriptiones sehr selten in gebundener Rede anzutreffen sind, zu Parma ist nur diese: Balnea, Vina, Venus, corrumpunt Corpora
nostra; Sed Vitam faciunt Balnea, Vina,
Venus.

Die Lehre von künstlichen Instrumenten nennet man Angæologiam. Αγγαιον
bedeutet alle Arten von Instrumenten. Wir
haben Instrumenta sacra, militaria, do-
mestica. Dabey ist erst auf die Materie
zu sehen. Wir haben ænea und argillacea,
d. i. irdene, Instrumenta. Man könte
auch gläserne dazu rechnen: es sind aber sehr
wenige davon zu uns gekommen. Der
Æneus Adparatus wird allen andern vorgezogen. In dem *Adparatu sacro* treffen
wir

wir zuerst Idola, Signa, kleine Götzenbilder, die auch wohl nur einen Finger lang
waren, an. Sie waren aber nicht so schön,
als die grossen, und man hat sie auch in
grosser Menge. Man hat auch Instrumenta sacrificantia, Secespitas oder Op-
ferbeile, Sistra oder Instrumenta ægyptia-
ca, u. d. g. Vor allen ist aber eins besonders zu merken, das ist die sogenannte Men-
sa Isiaca; in dem Schatze des Herzos von
Mantua ist nemlich ein ehernes Tischblatt,
darin Figuren von Silber vom Egyptischen
Gottesdienste eingeleget sind: als Mantua
vom Kayserlichen General erobert wurde,
so kam es weg; man fand es aber nachher
in der Schatzkammer des Königs von Sardinien zu Turin; Laurentius *Pignorius* hat
es in Kupfer stechen lassen, und beschrieben. Zu dem Adparatu sacro gehören
auch die Vota der Alten, die sie den Gö-
tzen opferten, z. E. das Glied von Metal
gegossen, woran einer krank gewesen war.
Von den Egyptern findet man noch viele
von Thon, und besonders Icunculas Isi-
dis. Von sacris hat man also am meisten.
Der *Adparatus Militaris* hat Frameas,
Pila, Capulas, Degenklingen und Gefässe, davon die metallene Klingen die raresten sind. Wir finden auch viele kleine metallene Aquilas; daher *Tacitus* sagt, daß
der

der Aquilifer in der Schlacht der Teutschen
mit dem Quinctilio Varo den Adler in den
Busen versteckt habe. Man hatte auch
Aquilas geminas, da die Römer oft eine
Legion zu einer andern schlugen, und auch
beyde Adler in eine Figur verwandelten.
Man hat auch kleine Clypeos, die aber
nur Zierathen von den alten grossen von
Weiden geflochten mit Leder überzogen sind.
Man findet auch noch verschiedene Sporne.
Vom *Adparatu domestico* findet man viele
Instrumenta e Terra Lamea seu Sigilla-
ta, auch Lemnia. Man findet auch viele
Claves, auch Armillas, die oft sehr schön
vergüldet sind; auch eine grosse Menge von
Fibulis oder Schnallen, die aber eine ganz
andere Gestalt haben, als heut zu Tage.
Man findet auch viele alte Ringe, auch Sti-
los oder eherne Griffel, auch Talos, und
andere Instrumenta lusoria, ingleichen
auch Pateras und Pocula von Ton und Erz.
Von Zinn hat man noch nichts gefunden,
welches wohl eingeschmolzen ist. Die viele
Arten von Mensuris und Ponderibus, darauf *publica* auctoritate ein Zeichen gesetzt
ist, sind auch zu merken. Am meisten findet man Lucernas, oder Arten von Lam-
pen, die sehr schön gemacht sind. Conf.
Bellorius de Lucernis veterum in Tomo XII. Thesauri Antiquitatum Roma-

narum

narum *Græviani.* Es kommen dabey auch
viele Figuras obſcœnas vor. Man findet
ſie am meiſten in alten Gräbern. Daher
man gemeinet, daß die Alten darin einen
immer brennenden Tacht gehabt, der doch
ohne Luft in den Gräbern nicht hat bren=
nen können. Die Urnæ ſepulcrales ſind
auch ſehr verſchieden, aber meiſtentheils
von Ton; die metallene ſind von vorneh=
meren. Trift man aber in Teutſchland Ur=
nas an, ſo ſind ſie nicht immer für Rö=
miſche zu halten, ſondern es ſind auch teut=
ſche darunter. Man findet dabey auch klei=
ne Lagenas mit engen Hälſen, die einige
Phialas lacrymales nennen, die inwendig
weiß angelauffen ſind, und die die Prae=
vicæ oder Klageweiber gehabt, und die
Thränen darin aufgeſammlet haben ſollen;
welches aber in ſo engen Gruben nicht mög=
lich iſt. In den Gruben der Chriſten fin=
det man weitere, die inwendig roth ange=
lauffen ſind, und man meynet, es wäre
noch Blut von Martyribus darin.

CAP. IIII.
Von Bilderſälen.

Die Bilderſäle benenne ich mit einem
Griechiſchen Namen Pinacothecas.
Die

Die Menge der Bilder ist so gros, daß
es Kunst erfordert, sie ordentlich vorzutra-
gen. Es läst sich alles durch zeichnen, aus-
mahlen, abstechen, und abschneiden, abbilden. Dabey hat man auf die Eintheilung, Beurtheilung, und auf die Anzeige,
wo sie anzutreffen sind, zu sehen. In Bildersälen werden 1) Gemählde, 2) Holzschnitte und Kupferstiche, und 3) Handrisse und Zeichnungen aufbehalten.

Bey den Gemählden müssen wir uns
so wohl um die Eintheilung, als um die
Beurtheilung derselben bekümmern.

Die Eintheilung der Gemählden ist
verschieden. Man theilet sie (I.) ein nach
der Materie. Man hat sie nemlich 1)
auf Holz; 2) auf Tuch oder Leinewand;
3) auf st. Kalch oder Fresco; 4) auf Metal; 5) auf Ton; 6) auf Glas; 7) auf
Pergament; 8) auf Papier; 9) auf Stein;
10) auf Wachs. Die Gemählden werden
(II.) eingetheilet nach den Farben. Sie
sind entweder von einerley oder von mancherley Farben. Die Italiäner nennen je-
nes Claroscuro; davon gemeiniglich die
Grundfarben sind. Die von vielerley Farben sind ausgemahlte Bilder. Man hat
auch dreyerley Farben, nasse, trockene, und

L 5 einge-

eingebrannte. Unter den naſſen Farben ſind
zweyerley, Waſſerfarbe mit Leimwaſſer,
und Oelfarbe. Man hat auch Saftfar-
ben, die aus allerhand Säften präpariret
werden. Man mahlet auch mit Schmelz-
weiß und Moſaick, oder kleinen geſchmol-
zenen Steinen. Die Gemählde werden
(III.) eingetheilet nach den Vorſtellungen;
Da ſie ſich in ſieben Claſſen theilen, die
man zu Beurtheilung der Bilder ſehr wohl
zu merken hat. Man hat 1) Bilder von
Menſchen, Contrefaits, und zwar (a)
von lebendigen und von toden; (b) von
ganzen Leibesgeſtalten, und zwar entweder
nackt oder bekleidet; (c) von ſtehenden; (d)
von ſitzenden; (e) von liegenden, knienden,
mit Händen, und von Bruſtbildern ohne
Hände. 2) Von Geſchichten, die viel
Perſonen vorſtellen, die ſich in zwey Claſſen,
in geiſtliche und weltliche, abtheilen: davon
die weltliche entweder wahre oder erdichtete
ſind. Von erdichteten ſind z. E. Bauren-
ſtücke und Jahrmärkte, u. d. g. Man theilet die weltlichen auch ein in Friedens- und
Kriegsgeſchichte: Man hat auch Jagd-Stü-
cke. Bey Geſchichten iſt alſo die Mahler-
Kunſt ſchon höher geſtiegen. 3) Von wil-
den und zamen Thieren. 4) Von Landſchaften, die ſehr künſtlich zu mahlen ſind,
und entweder wahre oder erdichtete ſind.
Es

Es gehören dahin auch Seestücke, und Bilder von den Jahrszeiten. 5) Perspectiv-Gemählde. 6) Von stillliegenden Sachen, Büchern, Speisen, Instrumenten. 7) Grotescen, oder allerhand geschlungene Züge und Laubwercke. Man theilet die Gemählde (IIII.) ein nach den verschiedenen Schulen der Mahler, deren hauptsächlich vier sind. 1) Die älteste und berühmteste ist die Italiänische. Denn wie in Italien alle Künste aus der Finsternis hervor gekommen, so hat man sich auch daselbst in der Mahlerey hervor gethan, und hat man (a) die Römische und Florentinische; (b) die Longobardische; (c) die Mayländische; und (d) die Bolognesische Schule. 2) Die Niederländische Schule. 3) Die Teutsche Schule. 4) Die Französische Schule, die von dem Colbert aufgerichtet ist. Die Gemählde werden (V.) auch nach der Grösse eingetheilet. Man hat 1) sehr grosse. 2) Mittelmäßigen. 3) Kleine oder Kabinet-Stückgen, darin die Niederländer besonders excelliren.

Die Beurtheilung der Gemählde kan so wohl überhaupt als insbesondere angestellet werden.

Die Beurtheilung der Gemählde über-

überhaupt kan nicht angestellet werden, wenn man nicht die Hauptstücke weiß, worauf man zu sehen hat, nemlich die Beschaffenheit der Mahlerey und die Schule der Mahler.

Was die Beschaffenheit der Mahlerey betrift, so ist das Mahlen nichts anders, als eine Kunst, da, vermittelst eines Umrisses, alles sichtbare auf einer Fläche, der Natur nachahmend, vorgestellet wird. Der Trieb, der Natur nachzuahmen ist von dem Schöpfer zum Vergnügen des Menschen in seine Seele gepflanzt. Diese Kraft aber äussert sich in der Einbildung, ohne welche ein Mahler nicht fortkommen kan. Wir haben aber bey der Beschaffenheit eines Gemähldes auf den Umriß, auf die Farben, auf die Zusammensetzung, und auf die Annehmlichkeit, die man den Pinsel mit den Mahlern nennet, zu sehen. 1) Der Riß ist der Grund, von dem alle Beschaffenheiten der Mahlerey abhängen. Dieser muß vollkommen nach der Natur eingerichtet seyn. Die Mahler nennen dieses correct. 2) Die Farben begreiffen drey Stücke in sich, nemlich die Localfarbe, die Schattirung und die Uebereinstimmung der Farben. (a) Die Localfarbe wird die Grundfarbe genannt, die nach der Natur eines jeden

Objecti

Objecti eingerichtet seyn muß. (b) Die Schattirung ist die Kunst, Licht und Schatten bey der Localfarbe anzubringen, dadurch das Gemählde, wie die Mahler reden, rund gemacht wird. (c) Die Uebereinstimmung der Farben macht die meiste Veränderung in den Augen, und ist bey der Mahlerey eben das, was die Harmonie bey der Music ist. Denn es sind gewisse Farben, die sich nicht zusammen schicken. 3) Die Zusammensetzung hat die Erfindung und Eintheilung unter sich, die ein Mahler wohl wählen muß. Er muß aber ein Gemählde so eintheilen, daß alle Theile wohl mit einander übereinstimmen.

Was die Schulen der Mahler betrift, so wollen wir erstlich die Schulen selbst, und zweytens deren verschiedene Arten zu mahlen beschreiben.

Die Schulen selbst sind die Wälsche, die Teutsche, die Niederländische, und die Französische.

Die Wälsche Schule theilet sich in vier Classen, nemlich: die Florentinische und Römische; die Lombardische; die Venetianische; und die Bolognesische. (I.) Von Florenz ist die Mahlerkunst erst nach Rom gekom=

gekommen. Florenz war eine grosse und
reiche Handelsstadt in Italien, die eine
starke Handlung nach dem Orient führte.
Da die Schiffarth über die Linie noch nicht
erfunden war, so holte man alle Waaren
aus der Levante und dem Orient. Die
reiche Bürger zu Florenz wendeten nun auch
vieles an Mahlereyen. 1) Der älteste Florentinische Mahler hieß Giovanni *Chiup-*
pe, ein gebohrner Florentiner. Er brachte
es dahin, daß einige Florentinische Bürger
Griechische Mahler kommen liessen, und
davon lernete er vieles. Er mahlete nur
noch mit Wasserfarbe. Zu Florenz und
Neapolis sind noch viele Stücke von ihm.
2) Sein vornehmster Schüler hieß *Chiotto*,
der es noch höher, als sein Meister, brachte. Er solte nach Rom kommen, welches
er aber hochmüthig ausschlug. Er machte
aus freyer Faust einen sehr accuraten Zirkel, den die Italiäner nur das O des *Chi-*
otto nennen. Nachher hat er zu Rom das
Schiff Petri über das Thor der Peters-
Kirche gemacht. 3) Der dritte berühmte
Florentiner, den man Parentem secundum
ætatis Artis Pictoriæ nannte, war *Ma-*
saggio, der anno 1443. von seinen Nei-
dern mit Gift vergeben wurde. 4) Sein
Nachfolger war *Lippi*, ein Carmeliter-
Mönch, der aus dem Closter gieng, und in

der

der Ankonischen Mark zuerst die Colerit er
colirte. Er ward von den Seeräubern gefangen, und nach Tunis geführet, da er
seinen Herrn mit Kolen an der Wand ganz
kenntlich mahlete, der sich dann noch einmal von ihm abmahlen ließ, und ihm die
Freyheit schenkte. Der Herzog Cosmus
Medices berief ihn darauf nach Florenz, da
er zu verliebt war, und weggehen muste.
Er kam aber wieder, und mahlete eine Ma
Donna oder Märienbild ohne Gesichte, da
er aus den Nonnen eins wählen wolte; er
nahm eines Kaufmanns Tochter dazu, die
er abmahlete, sich aber in sie verliebte, und
mit ihr davon lief. Zu Spoleto ward er
von einem eifersüchtigen Ehemanne vergeben. Gemeiniglich sind die Bilder der
Mutter GOttes Bilder der Maitressen der
vornehmen Herren. So stehet zu Halle
des Herzog Albrechts zu Luthers Zeiten ge-
wesene Maitresse, als ein Marienbild. 5)
Der fünfte grosse Mahler, und der erste,
der mit Oelfarben gemahlet, da die andere nur Eierweis oder Gummi und Leim
Wasser dazu nahmen, hieß *Antonius* von
Meſſina aus Sicilien. Er gieng zu Florenz
bey einem Mahler in die Schule. Er kam
anno 1440. zu dem Könige von Neapel,
Alphonſo, der ihm ein schönes Niederlän-
disches Bild von dem Johann von Eick
zeigte.

zeigte.   Er gieng darauf nach den Niederlanden zu dem Eick, brachte ihm viele Römische Riſſe mit, und lernete von ihm das
Geheimnis der Oelfarben.   Er lehrete es
einen Dominicaner - Mönch wieder, und
ſtarb bald darauf.   Der Dominikaner-
Mönch hieß Frater Timotheus, zu dem
ſich ein anderer Mahler, Andreas de Ca-
ſtagno fügte, den er es lehrte, der ihn aber
ermorden ließ, damit er die Kunſt allein
üben mögte.   6) Der ſechſte Mahler iſt
Leonardo *Vintohi*, der ſtudirt hatte, und
die Mathematick verſtand.   Er iſt der erſte, der in einem Buche die Mahlerey in
Kunſtregeln gebracht hat.   Der berühmte
Buſſing hat es zu Paris franzöſiſch heraus
gegeben.   Der Vintohi ſahe mehr auf die
Natur, als auf die Antiquitäten.   Er legte ſich ſtark auf das ...... Mahlen.   Unter
ſeinen Stücken zeigt man die Einſetzung des
Nachtmahls Chriſti, im Refectorio der
Dominicaner zu Mayland; er bekam für
jeden Tag 70. Rthlr. und mahlete lang-
ſam; der Prior ward darüber verdrieslich;
daher er denſelben als den Judas abmahlete.   Der König in Frankreich, Franciscus I. nahm ihn mit nach Frankreich, da er
anno 1520. zu Fontainebleau ſtarb.   Er
war aber nicht ſehr glücklich im Treffen.
Doch war ſeine Kunſt ſo groß, daß ihn
der

der grosse Rubenz zum Vorbilde erwählete. Die Fleischfarbe hat er sehr schön treffen können. 7) Michael *Angelo* war von Chiusi in Florenz gebürtig. Seine Mutter konte ihn nicht selbst säugen, daher sie aus dem Dorfe Septimiano eine Steinhauer- und Mahlerfrau zur Amme nehmen muste. Er empfand daher, ob er gleich ein Edelmann war, grosse Lust zum mahlen, und der Chirlatino war sein Lehrmeister. Er hatte einen grossen Verstand, und hatte die Anatomie gelernet, und konte daher die Cörper sehr schön ausdrucken. Der Pabst Sixtus V. zog ihn gleich nach Rom, woselbst er in dessen Capelle das jüngste Gericht mit erstaunend vielen Menschen, und jeden mit besonderer Stellung, gemahlet hat. Es ist ein Kupferstich auf unserer Bibliotheck zu sehen. Die zwölf Apostel stehen um Christi Richterstuhl, und haben die Instrumente in den Händen, womit sie als Märtirer hingerichtet worden. Er hat aber auch die Mythologie mit hinein gemischt. Den Cardinal Cassanetta, der ihm nicht gewogen war, mahlete er in die Hölle. Zu Fontainebleau findet man von ihm die Fabel des Jovis und der Leda, welches Stück Franciscus I. mit vielem Gelde bezahlet hat. Er starb anno 1468. und zu Rom ward ihm ein schönes Epitaphium gesetzt.

M

gefetzt. Viele Annehmlichkeit iſt nicht in
ſeiner Mahlerey, aber wohl viel ſtarkes.
Beſonders hat er nicht gute Perſpective gemacht. Zu Florenz, Neapel, und Mayland, zeigt man von ihm ein Crucifix, wovon man erzehlet, daß er einen Bauren, den
er ſelbſt gecreutziget, ſo abgemahlet habe.
Es iſt aber eine Fabel, da auch ſein from-
mes Leben ein anders bezeuget. Die Italiäner nennen ihn Divino. 8) *Piedro Pe-
ruſino* war zu Peruſia von ſchlechten Eltern
gebohren. Seine Stücke werden mit all-
gemeiner Verwunderung angeſehen. Er
muſte ſich erſt aus Armuth nur mit Far-
benreiben ernähren. Er ward aber mit
dem Ferroggio bekannt. Er hatte eine
ungemeine Geſchicklichkeit, die Köpfe der
Frauenzimmer ſehr lieblich zu mahlen. Er
hat ſehr fleißig in Fresco gemahlet, und zu
Florenz ein Portal in einen Speiſeſaal. Er
brauchte viel Ultramarin, welches die koſt-
barſte blaue Farbe war. Der Prior gab
ihm nur ſo viel, als er in einer Stunde
gebrauchte; er wuſch aber immer den Pin-
ſel wieder aus; und da ſich der Ultramarin
an den Rand geſetzt, ſo gab er ihn ſo dem
Prior wieder, und beſchämte ihn ſehr. Er
mahlete auch ſchöne Madonnas, und nahm
dazu von einer Frauen das Muſter. Er
trug immer alles ſein Geld bey ſich, welches

ches ihm die Spitzbuben einmals wegnah=
men, und ihn noch dazu schlugen, worüber
er sich zu tode grämte. 9) Der Nachfol=
ger des Perusino war der grosse *Raphael
Sancho* von Urbino, allwo er anno 1483.
gebohren war. Er war sehr insinuant, und
bekam daher die Schlüssel zu den Gemähl=
den des Angelo im Vatikan, und lernete
daraus vieles. Er war Reich im Erfinden,
und nahm auch viele Schüler an, mit de=
nen er immer in der Stadt herum gieng,
und die Statuen betrachtete. Seine Risse
sind sehr natürlich, aber sein Schatten ist
zu schwarz. Er hat sich aber immer mehr
und mehr vollkommen gemacht. Sein letz=
tes und vornehmstes Stück ist die Verklä=
rung Christi auf dem Berge Thabor, in
der Kirche Montotorio zu Rom. Er mah=
lete auch fleißig auf irdenes Geschir von
Valenza, wo der beste Ton ist, da er sich
in eines Töpfers Tochter verliebt hat. In
einer Apothecke zu Loretto findet man davon
338. Apothecker=Büchsen. Er starb anno
1520. und man setzte ihm folgendes Epita=
phium: Ille hic est Raphael, timuit quo
sospite vinci Rerum magna Parens,
(scilicet Natura,) & moriente mori.
Man verehret sein Bildnis, wie ein Hei=
ligthum. Viele ziehen seine Bilder den
Bildern des Michael Angelo vor; allein

in des Angelo seinen ist noch mehr Stärke.
10) Raphaels liebster Schüler und einge=
setzter Erbe von allen seinen Rissen war *Julio Romano.* Raphael brauchte ihn, seine
Gemählde auszumahlen, und kan man dar=
unter keinen Unterscheid warnehmen. Er
hat die Colorit sehr genau beobachtet. Das
beste Stück von ihm ist der Saal im päbst=
lichen Pallaste im Vatikan, den man den
Constantins = Saal nennet, da die Besie=
gung des Maxentii, und das dem Constantino Magno erschienene Creutz im Him=
mel schön vergestellet ist; dabey auch des
Hyppoliti de Medices Zwerch als ein
Wunderzeichen stehet. Er starb anno 1544.
zu Mantua. Er muste von Rom weg,
weil er unzüchtige Gemählde gemacht hatte.
11) *Polydorus de Cavaraggio* war aus ei=
nem Dorf gebohren, und ließ sich brauchen,
Steine und Kalk zu führen, da er immer
des Raphaels Gemählde eifrig betrachtete.
Dieser merkte solches, und lehrte ihn die
Mahler-Kunst, da er denn der gröste Mah=
ler in Fresco ward. Er machte erst einen
schwarzen Grund, und darüber weisse Far=
be, und machte mit einem eisernen Griffel
die Schattirung, welches die Italianer
Encratignare nennen. 12) Der zwölfte
grosse Mahler ist *il Parmesano.* Er heißt
eigentlich *Francesco Mazzoli,* und war ein
Schüler

Schüler des Raphaels. Er mahlete sehr
fleißig und zärtlich. Er war aber ein Chy-
micus, und brachte sich dadurch in Armuth. 13) *Piedro de Cortona* hat es am
weitesten in der Annehmlichkeit, aber selten
ein Stück zur Vollkommenheit, gebracht.
Seine Risse sind nicht so accurat. In der
Colorit hat er es aber auch am weitesten
gebracht. Er hat den ganzen Berberiani-
schen und Pamphilianischen Pallast gemahlet. Man machte auf ihn das Anagram-
ma: Corona de Pitori. Die Römische
Schule hat den besten Riß gemacht, und
den ersten Grund zur richtigen Zeichnung
gelegt. Sie haben aber die Farben nicht
recht gemischt, und die Kleidungen nicht
recht getroffen. Conf. Georg *Wasari,*
eines Mahlers von Aretino, Lebensbe-
schreibungen der Mahler zu Florenz 1586.
Desgleichen Giovanni *Ballione,* Florenz
1642. 4to. (II.) Die Lombardische Schule ist auch sehr berühmt. Die Lombardie
wird insgemein derjenige Theil von Italien an den Alpengebürgen genannt, der
von dem Po durchstrichen wird, und den
die Longobarden bewohnet haben. Die Lombardische Mahler gehen in vielen Stücken
von der Römischen Schule weit ab. Die
Florentinische und Römische Mahler haben
sich besonders nach alten Statuen gerichtet,

M 3   und

und die vollkommene Zeichnung ist ihr
Hauptwerk gewesen.   Die Lombardische
Mahler hingegen haben nur immer die Natur vor Augen gehabt.   Sie haben sich
auch bemühet die Farben zu verbessern. 1)
Der erste und berühmteste Lombardische
Mahler ist *Antonio Allegri di Correcio,*
welches ein kleines Fürstliches Ländgen ist,
davon dieser Mann den Namen erhielt, der
durch die Nachahmung der Natur einer
der grösten Mahler geworden ist, und vom
Andrea Mantennio nur einige Unterwei-
sung bekommen hat.   Seine Kunst bestand
hauptsächlich in der unvergleichlichen Colorit.   Er hatte ganz neue Gedanken, und
sein Pinsel war, als wenn ihn, wie man
sagte, eine Englische Hand geführet hätte.
Er hatte nie eine schöne Statue oder Gemählde gesehen, und ward um so vielmehr
bewundert.   Er war aber doch blutarm,
weil er sich seine langwierige Arbeit nur
schlecht bezahlen ließ, und nur 40. Jahr
alt ward.   Man findet nur sehr wenige
Stücke von ihm, und besonders zu Parma
und Modena.   Zu Parma hat man von
ihm in einer Kirche die Himmelfarth der
Maria.   Das schönste Stück ist die Geburt Christi, in der Gallerie des Herzogs
von Modena, da er das Kind JEsus in
einem unvergleichlichen Glanze gemahlet

er

er hat es anno 1522. für 7. bis 8. Louis d'or gemacht; jetzt ist es unschätzbar. Zu Wien in der Kayserlichen Gallerie stehet von ihm ein Cupido, der den Bogen spannet, davor der Erzherzog Leopold in den Niederlanden 18000. Ducaten gegeben hat. Es gehören hieher auch die drey Brüder *Caracio:* 2) *Ludewig;* 3) *Augustinus;* und 4) *Hannibal.* Ludwig hat in geistlichen; Augustinus in Fresco; und Hannibal in weltlichen Stücken, excolliret, welcher letztere es aber beyden zuvorgethan. 5) *Guidoreni* gehöret auch dahin, welcher der Caraciorum Schüler gewesen, sich aber bey dem Raphael perfectioniret hat. Er war sehr kostbar, und eine jede Figur in der Historie muste mit 400. Rthlr. bezahlet werden. Er hat auch sehr wenig gemahlet. 6) *Dominico Zandoreni,* den die Italiäner Dominicino nennen, hat auch sehr schön gemahlet; er ist anno 1641. gestorben. Die Lombarder haben die Grundfarben sehr wohl angelegt, und sehr frey gemahlet. (III.) Die Venetianische Schule hat die Colorit aufs höchste gebracht, und die Natur am besten nachgeahmet. 1) *Jacuono Bellini* ist ein vortreflicher Mahler gewesen, der so schön gemahlet hat, daß der Grossultan Mahomet der zweyte von ihm verlangte, er solte ihm den Kopf Jo-

M 4   hannes

hannes des Täufers mahlen, den die Türken sehr verehren. Er starb anno 1445.
2) Sein Sohn *Johannes Bellini* brachte
es noch höher in Farben.　3) Ihm folgte
Georgio de Castello Franco, der noch einen
grösseren Geist in Farben zeigte, der aber
immer schreckhafte Vorstellungen mahlete.
Er starb anno 1511. und ward nur 33.
Jahr alt.　4) *Titiano de Verzelli* ist der
gröste Contrefait-Mahler gewesen. Carolus V. sas ihm fünfmal, und ließ ihm je-
desmal 1000. Ducaten zahlen. Alle grosse
Herren musten zu ihm ins Zimmer kommen.
Carolus V. sagte, man hätte ihm die Un-
sterblichkeit zu danken. Er war erstaunend
stark in der Colorit. Er ist auch sehr glücklich
und reich gewesen, und 98. Jahr alt worden. Frauenzimmer mahlete er nach seiner
Maitresse, der Violonda. Er mahlete
die Liebe der Götter in 2. Stücken, die
der Herzog von Savoyen dem Herzogen
von Marlborough schenkte, der sie in dem
Pallast von Blindheim aufbewahret hat.
5) *Jacobus Robertus Tindoret* hat sich den
Michael Angelo und den Titiano zum
Muster vorgestellet. Er hat unter allen
Venetianern am lieblichsten gemahlet. Er
starb anno 1592. im 82sten Jahre seines
Alters.　6) *Paullus Caliari, Veronese*, eines Bildhauers Sohn, kriegte aus des
　　　　　　　　　　　　　　　　　Titia-

Titiano und des Tindorets Schriften eine
grosse Geschicklichkeit, und mahlete viele
Stücke. Der König von Spanien Philippus II. wolte ihn nach Escurial haben.
Er blieb aber zu Venedig. Er mahlete
schöne Historien, nur daß er die Kleidungen der Alten nicht getroffen. Das schönste Stück von ihm ist die Hochzeit zu Cana,
im Refectorio des Closters Georgii Ma-
joris zu Venedig. Es ist 32. Fuß breit,
und 20. Fuß hoch. Er hat aber das Braut-
Paar zu sehr versteckt, und die Gäste sind
nicht aufmerksam auf Christi Wunderwerk.
Er bekam 300. Ducaten dafür. Ihm ward
vom Rath die Inscription gesetzt: Naturæ
æmulo, Artis miracalo, Fama victuro,
posuit. 7) *Jacobus Palma* ist dem Titiano am nechsten gekommen. Er starb anno 1530. Er mahlete nur nackte Bilder.
Zu Venedig in der Domkirche stehet Christi Abnahme vom Creutz; und in der Kirche St. Barbaræ diese Heilige von ihm. Zu
Nürnberg sind von ihm 7. Stücke, wofür
der Grosherzog von Florenz 100000. Rthlr.
geboten. 8) *Jacobus de Ponte Passato*
starb anno 1582. und ist dabey erkenntlich,
daß er bey allen Gemählden einen Hund gemahlet. Er hat sehr viele Stücke gemahlet. Er verstand aber die Historie gar nicht.
Z. E. wie Christus die Martha und Ma-

M 5   ria

ria befuchet, fo fchneidet der Koch in der
Küche bey diefen Judinnen Schweinwürfte,
(IIII.) Die Bologuefifche Schule ift auch
fehr berühmt. Bologna, eine ehemahlige
Reichsftadt, die jetzt dem Pabft gehöret,
ift eine der fchönften Städte mitten in Italien, und auf fo gutem Boden gelegen, daß
fie la craffa, die Fette genannt wird. Sie
ift jederzeit eine Mutter guter Künfte und
Wiffenfchaften gewefen, da die reiche Bürger vieles darauf verwand haben. Die Bo-
lognefifche Schule ift die jüngfte. Die Bolognefer fahen, daß an den bisher fo fchön
gemahlten Gemählden noch ein gutes Gewand oder Kleidung fehlete. Sie fuchten
daher bey Gemählden auch das Gewand
recht vorzuftellen. Es wurde dazu eine accurate Zeichnung und fchöne Colorit erfordert. Daher mufte nachher ein jeder Mahler zu Rom das Zeichnen, zu Venedig die
Colorit, und zu Bologna das Gewand
mahlen lernen. Die Bolognefer zeichneten
auch wohl nach der Natur, und brachten
den Gliedermann auf, eine hölzerne Statue, deren Glieder man beugen konte, dem
fie Kleider anzogen, und darnach mahleten,
und es fo weit trieben, daß man auch erkennen konte, ob es tücherne oder feidene
Kleider feyn folten. Sie zeichneten erft nach
den alten Römifchen Figuren. Daher die
jetzige

jetzige Mahler, wenn sie auch ein neues
Kleid mahlen, es mit einem Mantel um-
schlagen, um ihre Geschicklichkeit zu zeigen,
und die vielen Moden-Veränderungen zu
vermeiden.   1) *Michael de Caravacio* ist
der erste gewesen, der es excoliret. 2) Ihm
folgte *Franciscus Baberini*.

Die teutsche Schule zeiget, daß man
auch unserer teutschen Nation das Lob nicht
absprechen könne, daß sie sich, ohne Unter-
weisung der Italiäner, in der Mahler-
Kunst hervorgethan habe.   1) Der erste ist
Albrecht Dürer aus Nürnberg, eines
Goldschmieds Sohn, der anno 1471. ge-
bohren worden. Er wolte seines Vaters
Kunst lernen; und erlernete auch das Zeichnen, und verliebte sich in die Kupferstecher-
Kunst, und bat seinen Vater, ihn einen
Mahler werden zu lassen, der ihn zu dem
Michael Wohlgemuth, einem schlechten
Mahler, that, da er die Farben mischen
lernte. Er legte sich auf die Mathesin, um
die gehörige Proportion, und besonders
in Perspectiven, zu beobachten. Vor dem
33sten Jahre hat er sich nicht hervor gethan.
Er starb anno 1528. zu Nürnberg im 57sten
Jahre seines Alters. Seine Bilder sind
wegen der Proportion, der Perspectiv, und
schönen Erfindungen, zu loben. Doch hat er
noch

noch viel Gothisches, da er keine schöne
Stücke gesehen. Er hat fast alle Stücke
auf Holz gemahlet, und alles stark vorgestellet. Der Kayser Maximilianus I. liebte
ihn sehr, und würde ihn nach Wien gezogen haben, wenn er von seiner Frauen nicht
zu tode gemartert worden wäre. 2) *Jo-*
hannes Hohlbein war zu Augspurg anno
1498. gebohren. Er begab sich nach Basel, da er den berühmten Toden-Tanz und
das Leiden Christi mahlete; welches der De-
siderius *Erasmus* sahe, und ihm rieth, nach
Engelland zu gehen, da er ihn an den Thomas *Morus*, den Canzler des Königs Henrici VIII. recommendirte. Er legte sich nur
erst auf das Fresco-Mahlen. Er starb zu
London anno 1554. Er hatte einen überaus schönen und leichten Pinsel, ungeachtet er keine schöne Italiänische Stücke gesehen hatte. Alle Stücke, die wir von ihm
haben, sind aus Engelland zu uns gekommen. Er hatte die Anna von Cleve, die
Braut des Königs Henrici VIII. zu schön
gemahlet, die auch hernach von ihm ge-
schieden ward. 3) *Lucas Cranach* war
aus einem Bambergischen Flecken Cranach
gebohren, und hat sich am Sächsischen Hofe aufgehalten. Er war ein sehr schöner
Porträtmahler. Er starb zu Weimar anno
1553. und hatte einen schönen Pinsel. 4)
Seinen

Seinen Sohn *Lucas Cranach* den jüngern,
Burgermeister zu Wittenberg, liebte Carolus V. sehr, weil er ihn, nach dem Titiano, am besten getroffen hatte. Er starb
anno 1581. 5) *Carl Screta*, ein Böhme,
war Hofmahler des Kaysers Rudolphi II.
Er mahlete sehr lieblich und natürlich, und
hat meistentheils grosse Stücke gemahlet.
Er starb anno 1634. Die Schweden haben die meisten Stücke von ihm aus Prag
genommen. 6) *Christoph Amberger*, ein
Schüler des Hohlbeins, mahlete den Kayser Carolum V. auch, und Titiano sagte,
er hätte es nicht besser machen können. Am
Baierschen Hofe hat er die ganze Baiersche
Historie gemahlet. Zu München sind 12.
Stücke von Joseph, die er gemahlet hat.
7) *Mathias Grünewald* war von Aschaffen-
burg in Franken am Maynstrom, uud lebte zu Dürers Zeiten. Zu Frankfurt hat er
das grosse Altars-Blatt im Prediger-Clo-
ster gemahlet. Er starb anno 1510. 8)
Joachim Sandrard war zu Frankfurt anno 1612. gebohren. Bey dem Huntvord
in Utrecht lernete er das Mahlen, und in
Italien lernete er noch viel mehr, und
brachte es am höchsten. Er mahlete viele
Altäre, und starb anno 1684. Er hat auch
das grosse Werk: die Mahler-Academie,
heraus gegeben, da er seine Stärke zeiget,
selbst

ſelbſt von der Mahlerkunſt handelt, und alle Bilder und Leben der Mahler vorſtellet.
Es iſt ſehr rar geworden, da die Kupfer-
Platten verlohren ſind. · Es waren vier Folianten. Den Teutſchen wird vorgeworfen,
daß ſie was Gothiſches an ſich hätten; der
Einbildung mehr, als der Natur, folgten;
zu trockene Farben gebrauchten; keine gute
Ordnung in hiſtoriſchen Stücken zeigten.
Sie ſind aber doch in gewiſſen Stücken,
z. E. in Vorſtellung der Affecten, zu rühmen.

·· Die Niederländiſche Schule verdienet
auch unſere Aufmerkſamkeit. Durch die
Niederlande verſtehe ich die 17. groſſe Pro-
vinzen, die von dem Hauſe Burgund an
Oeſterreich, von da an Spanien, kanten,
und aus dieſer Botmäßigkeit freye Provin-
zen geworden ſind. Das Aufkommen der
Mahlerey beförderte die Erfindungs-Kraft
und Arbeitſamkeit der Nation, der Pracht
des Burgundiſchen Hofes, der da war, die
reiche Clöſter, und die reiche Kaufmann-
ſchaft. Die Mahlerey iſt da ſo alt, als
in Italien. Die zween Brüder, 1) *Hubert*, und 2) *Johann van Aick*, aus Maſ-
ſaick gebürtig, die von 1431. bis 1441.
florirten, haben bloß aus Nachahmung der
Natur die ſchönſten Bilder gemacht. Da
man

man aber nur mit Waſſer- und Leimfarbe
mahlen konte, und die Farben verſchoſſen:
ſo wolten ſie einen Firnis erfinden, und
verfielen darauf, Oelfarben zu machen, und
machten alſo die Mahlerey lebhafter, angenehmer, und beſtändiger. Die Italiäner
ſagen, der Colantona, ein Neapolitaner,
hätte ſie anno 1436. erfunden. Allein dieſes iſt unrichtig, da die Oelfarbe erſt ſpät
nach Italien gekommen iſt. In der Kirche
St. Johannis zu Gent trift man die erſte
Probe von dieſen Brüdern an, nemlich die
Verſchreibung Abrahams vor den Aelte-
ſten des Landes. Hubert ſtarb, und Johann gieng nach Brügge, der reichſten
Handelsſtadt, da er Tapeten-Modelle mahlen muſte, die da erfunden worden. 3) Der
Schüler der beiden Brüder war *Lucas van
Leuwen*, der anno 1533. ſtarb. 4) Zur
ſelbigen Zeit lebte *Quintin Meſſis*, ein
Schmiedt zu Antwerpen, der ſehr ſtark
mahlete, und anno 1529. geſtorben iſt. 5)
Petrus Pruigel gieng nach Italien. Er
ſahe mehr auf die Natur, als auf die Kunſt.
Weil er ſehr bäuriſch war, ſo machte er
auf Dörfern lauter Bauren-Stücke, aber
ſehr ſchön. Er ſtarb anno 1557. 6) *Frantz
Flore* von Antwerpen gieng auch nach Italien, und profitirte vom Raphael, daher er
der Flandriſche Raphael genannt wird. Er

mahle-

mahlete jeden Tag nur sieben Stunden,
aber sehr schön. Er starb anno 1577. 7)
Bartholomæus Spranger war auch von Antwerpen, und gieng auch nach Italien. Der
Cardinal Farnese nahm ihn gleich auf, und
gab ihm viel zu mahlen. Er folgte aber
seiner Phantasie zu viel. Er gieng nachher
an den Hof des Kaysers Maximiliani I.
und ward auch vom Kayser Rudolpho II.
sehr geehret. 8) *Peter Paul Rubenz*, ein
Sohn eines grossen Rathsherrn zu Antwerpen, die allemal geadelt werden, war anno 1577. gebohren, und hatte zu Löwen
wohl studiret, und die Mythologie inne.
Er legte sich aus Curiosité aufs Zeichnen.
Er kriegte aber so grosse Lust dazu, daß er
zum Ottovenius nach Antwerpen gieng, und
die Mahlerey lernete, auch 7. Jahr nach
Italien gieng, und vollkommen schön mahlen lernete. Wie er zurück kam, so wun-
derte sich jedermann über die Fecundité seines Geistes. Er mahlete fast lauter Historien. Die gröste Probe davon ist die Galerie von Luxemburg, da die Vermählung
des Königs von Frankreich Henrici IIII.
mit der Maria de Medices abgebildet ist.
Die Glieder hat er ein wenig zu stark gemacht. Doch wuste er seine Bilder schön
einzutheilen. Bey den Jesuiten zu Antwerpen ist der Höllenpfuhl von ihm gemahlet,

darin

darin 80. besondere Gesichter sind. Er mah=
lete auch vortrefliche Landschaften und Jag=
den, und wenige unvergleichliche Portraits.
Als er die Galerie von Luxenburg mahlete,
so lernete ihn der Duc de Byckingham, der
Liebling des Königs von Engelland, kennen,
der ihn nach dem Könige Carolo I. nach
Londen brachte. Er starb anno 1640. zu
Antwerpen, da er einen Bissen Brod im
Husten verschluckte, und erstickte. Er war
ungemein freundlich, und gar nicht neidisch,
sondern belehrete gern einen jeden. 9) Gerhard Hundhorst war ein sehr angenehmer
Mahler, der am Englischen Hofe vieles für
Carolum I. mahlen muste. Er war nicht
so sinnreich, aber noch weit angenehmer, als
Rubenz. 10) Michael Ganson Merefeld
war ein grosser Porträtmahler, deren er
10000. gemahlet hat, und für jedes be=
kam er 150. Rthlr. Er war aber sehr lie=
derlich, und starb sehr arm anno 1580.
11) Anton van Taik war Rubenzens
Schüler, und ward von demselben sehr ge=
liebet. Er gieng nach Venedig, Frank=
reich, Engelland, und ward daselbst sehr
hoch geschätzt. Er mahlete kaum 7. oder 8.
Historien, aber lauter Portrais, und mei=
stentheils Kniestücke; und hat fast keiner so
schöne Köpfe und Hände gemahlet. Er hat
seine Portraits selbst in Kupfer gestochen,

und

und heraus gegeben. Er war fast der allgemeine Europäische Porträtmahler vornehmer Herren. Er könte aber auch den mürrischten Herren angenehme Minen geben, ohne zu schmeicheln. Der Marquis *d'Argens* hält ihn für den grösten Porträtmahler, und sagt, er habe alle Schönheit aller Mahler beysammen gehabt. Er wurde nicht alt, und starb anno 1641. Er hat auch den Italiänern sehr nachgeahmet. 12) *Rembrand van Rain*, einem Dorfe bey Leyden, war eines Müllers Sohn. Er ahmte blos der Natur nach, und keinen schönen Gemählden. Es hat ihn keiner im Haaremahlen übertroffen, da man fast alle Haare zählen kan. Die meisten Stücke von ihm haben die Engelländer in ihre Gälerie gekauft. 13) *Blomard*, der auch seinem Genie folgte, mahlete ungemein schöne Landschaften, und auch schöne Gewänder. Er starb anno 1677. Sein Sohn ist der geschickte Kupferstecher Cornelius Blomard. Es sind mehrere Niederländische Mahler, als Italiänische und Teutsche, da auch ein grösser Bilderhandel daselbst geführet wird. Die Niederländische Mahlerey folgt nur der Natur. Die Stücke sind auch sehr klein.

Die

Die Französische Schule wird nun
überall in Europa Mode, welches gnug
von der thörichten Bemühung, sich den
Franzosen gleich zu machen, zeuget. Sie
ist die jüngste, und erst anno 1667. entstanden, da der berühmte Colbert auf Kosten des Königs zu Rom und Paris eine
Mahler-Academie anlegte. Vor Francisco I. dem Vater aller Künste in Frankreich,
wuste man nichts von der Mahlerey. 1)
Es that sich da ein Mahler *Jean Cousin*
hervor, in einem Dorfe Suly, der die Mathematick studirte, und Lust zum Mahlen
empfand, auch artige Stücke mahlete. Er
hatte aber keine gute Farben, da sie alle
verschossen. Er legte sich also auf das Glas-
Mahlen, das die Farben beständiger macht.
Er hat von Francisco I. bis auf Carolum
VIIII. gelebet. Wir finden viele Glasschei-
ben von ihm. 2) *Simon Vouet*, ein Pariser, fieng auch an vor sich zu zeichnen,
und der französische Ambassadeur Sancy
nahm ihn mit nach Constantinopel. Vouet
mahlete aus dem blossen Gedächtnis den
Grosssultan sehr schön ab. Er gieng nachher nach Rom, und bekümmerte sich also
zuerst um die Italiänische Mahlerey. Er
hielt sich zu Rom 14. Jahre auf. Ludovicus XIIII. lernete hernach selbst von ihm
das Mahlen, da er überhaupt auf Kleinig-

keiten

Teiten verfiel? Vouet hatte sich besonders
in des Caravacio Arbeit verliebt. Ihm
hat auch Frankreich nur den Italiänischen
Geschmack zu danken. Er hatte auch viele
Schüler. Er starb anno 1641. im 59sten
Jahre seines Alters   3) *Nicoldus Bouſſin*
war von Andeli in der Normandie gebürtig; und wie man alle Einwohner der Normandie für thöricht hält, so mahlete er
auch lauter scherzhafte Stücke. Der französische Ambaſſadeur Marino nahm ihn
mit nach Rom, nach deſſen Tode es ihm
aber schlecht gieng, da er nur ums Brod
arbeitete. Endlich gieng er wieder nach Paris, und Ludovicus XIIII. ließ von ihm
die Schloß-Capelle zu St. Germain aus-
mahlen. Die Schüler des Vouets benei-
deten ihn aber sehr. Daher er anno 1665.
wieder nach Rom gieng, und starb. Seine
Gemählde sind erst nach seinem Tode hoch-
geschätzt worden. Wie er nach Rom zurück gekommen war; so muſte er vor den
Prälaten Maſſini viele Stücke mahlen. Er
war aber sehr neidisch, und belehrete nicht
gern jemanden. Seine Fleischfarbe ist gar
nicht annehmlich, obgleich die Zeichnung
richtig ist. Die Kleidung ist auch nicht
wohl gerathen, und hat er mehr auf den
Riß, als auf die Colorit und die Natur
gesehen. 4) *François Berrier*, ein Schüler
des

des Vouets, bettelte sich nebst einem blinden Pilgrim nach Rom, und perfectionirte sich. Er muste nachher die grosse Galerie in der Thuillerie mahlen. 5.) *Nicolaus Mignord* von Troie in Champagne, der schöne Historien mahlete, hielte die Stadt Rom für die rechte Quelle aller Kunst in der Mahlerey, und gieng auch dahin. Als er zurück kam, so gieng er nach Avignon, zu seiner Gel......anno 1659. muste er an den Hof, mahlete da sehr viel, und starb anno 1668. 6) *Sebastian Bourdeaux* von Montpellier, ein Hugenotte, war ein sehr feuriger Geist. Die Königin Christina zog ihn nach Stockholm. Weil er sie aber nicht schön genug mahlete, da sie doch hinten und vorn einen Puckel hatte, und sie ihn nicht gnug bezahlete, so gieng er wieder nach Frankreich. Weil er zu flüchtig war, so machte er selten ein Stück aus. Er stellete eine Wette an, in einem Tage sechs alte Männerköpfe, und sechs alte Weiberköpfe, deren einer noch heßlicher, als der andere wäre, zu mahlen. Er mahlete in der Domkirche zu Paris die sieben Werke der Barmherzigkeit. Er starb anno 1642. 7) *Philipp de Champagne* von Brüssel folgte ihm, und ward vom Cardinal Richelieu hoch gehalten. Er mahlete schöne Historien, und starb anno 1662.

N 3 8) Char-

8) *Charles le Brun*, ein armer Bildhau=
ers-Sohn von Paris, ist die Crone der
französischen Mahler. Er ward einem Mah=
ler, der in dem Garten des Canzlers Se=
quiere arbeitete, in die Lehre gegeben. Der
Canzler bewunderte das Genie dieses ze=
henjährigen Knabens, und gab ihm daher
einen andern Mahler, und bezahlte für ihn.
Im 15ten Jahre mahlete er den Streit des
Hercules mit dem Diomedes sehr schön.
Der Sequiere schickte ihn nach Rom und
Venedig. Bey Tag mahlete er, des Nachts
laß er schöne Bücher. Zu Paris setzte er
sich in ein solches Ansehen, daß er erst
12000. und hernach 24000. Livres Pen=
sion vom Könige bekam, und der Colbert,
der den Fouquet, der ihn erhoben, stürzte,
erhöhete ihn noch mehr. Er mahlete voll=
kommen schön. Seine beste Stücke sind
die Batailles des Alexandri Magni, und
besonders das Stück, wie derselbe die Fa=
milie des Darius gefangen bekommen hat.
Sie sind nach Versailles gebracht, und
auch in Kupfer gestochen worden. Er hat
in grossen Ehren gelebet bis anno 1690.
und auch viele Bücher geschrieben. Dieses
bewog den Colbert, den König zu bereden,
daß er zwo Academien der Mahler, die ei=
ne zu Paris, und die andere zu Rom, an=
legte. Wer zu Paris einen Preiß erhalten,
der

der komt nach Rom, und muß da des Raphaels und des Angelo Stücke abmahlen.
Hieraus sind viele schöne Mahler entstanden. Die Franzosen haben alles von den
Italiänern erlernet, gehen aber oft sehr
weit von denselben ab. Sie sind gar nicht
accurat, und ihre Colorit ist gar nicht dauerhaft, da sie überhaupt zu flüchtig mahlen.

Was die verschiedene Arten zu mahlen betrift, so ist davon folgendes zu merken. 1) Man trift Gemählde an auf nas-
sen Kalch, welches die Italiäner *al Fresco*
nennen. Es wird nemlich auf eine trockene Wand nasser Kalch gestrichen, glatt
gemacht, und darauf mit Farben gemahlet,
da die Wand die Farben sehr fest an sich
ziehet. Es gehören dazu Erdfarben und
Oelfarben; denn alle andere vergehen darauf. Dahin gehöret Ocker, Ultramarin,
Umbra, und Kienrus. Es gehöret dazu
ein freyer und leichter Pinsel. Diese Mahlerey ist sehr üblich in Italien, auch zu Augspurg und Nürnberg; aber nicht in den
Niederlanden, da die Seeluft die Farben
verzehret. Die Mahler, die sich zu sehr
darauf legen, verderben ihre Hand, da
man es gleichsam die grobe Mahlerey nennet. 2) Die andere Mahlerey ist grau in
grau *Claroscuro*. Die Farben sind schwarz,

N 4   gelb,

gelb, roth, und grün. Caravacio und
Guadoreni haben darin excelliret. Heut
zu Tage ist sie nicht mehr recht Mode. 3)
Es ist in Italien noch eine Art, die sie
Craſſito nennen. Eine gemauerte schwarze
Wand wird weis gemacht, und darin Riſ-
se gezeichnet. Der Stall zu Dresden und
zu Wien ist so gemacht, da die andere
Farben vom Pferde-Dunst verderben. 4)
Noch eine Art ist *Emaille*, da die Farben
durch Feuer eingebrannt werden. Es wird
entweder auf Metal, Kupfer oder Gold, da
kein anderes es annimmt, oder Töpfer-
Arbeit gemacht. Die Stadt Limoge in
Frankreich hat vormahls sehr darin excelliret, die in lauter Kupfer geschmelzt haben,
welches die Limoſinat-Arbeit genannt wird.
Die Farben werden dicke auf das Metal getragen, und so in den Ofen gelegt. Es ist
den Farben nach ganz unvergänglich, aber
im höchsten Grade zerbrechlich, und man
kan auch nicht gröſſe Stücke machen. Die
gröſte sind eine Elle lang, und eine halbe
Elle breit. Boet, ein Schwede, hat darin sehr excelliret. Man erzehlet, er habe
dem Kayser Leopold ein Ovalstück gemacht,
worauf seine ganze Familie abgemahlet war.
Der Kayser zeigte es einstmals, und warf
es unversehens vom Stuhl, da sprang die
Farbe ab. Er hatte 20000. Gulden dafür
geget

gegeben. Zu Salzthal hat der Herzog
Anton Ulrich von dem grossen Voyageur,
dem *Tavernier*, viele erkauft. Die email-
lirte Töpfer-Arbeit ist eine Art von gemahl-
tem Porcellain. In Italien wird daß beste
emaillen Töpfer-Geschir zu Vaenza gemacht,
und Maiolica genannt. Nach der Hand
ist die Kunst verlohren gegangen. Ein einziger Teller wird nun für einen Louis d'òr
verkauft. Zu Salzthal findet man für
mehr als 100000. Rthlr. 5) Das Glas-
mahlen ist auch eine besondere Art, die
sehr von der Mahlerey auf Laternis magi-
cis unterschieden ist. Das alte Glasmah-
len ist mit Oelfarben, die eingebrannt sind,
geschehen, da die rothe Farbe ganz unvergleichlich ist. Man hat viel darauf gewant,
die Kirchen damit auszumahlen. Conrad
Geyer, Veit Hirschvogel, Holz, und überhaupt die Teutsche und Niederländer, werden darin für inimitables gehalten, und
zu Gouda in Holland ist die St. Johannis-
Kirche davon ein Wunderwerk. Die Kunst
ist ganz verlohren gegangen. 6) Die Mi-
niatur-Mahlerey ist auch sehr sauber, mit
Gummi und Zuckerwasser. Sie wird heut
zu Tage meistentheils bey Portaits vornehmer Herren auf Pergament gebraucht, und
ist sehr kostbar. 7) Die Mosaick, da man
mit Steinen mahlet, ist die vortreflichste

N 5   Art;

Art; und ist schon bey den alten das Opus vermiculatum bekannt, die es meistentheils zu Pavimentis gebrauchten. Es heißt auch pictum Opus, de Mosivo. Sie geschiehet mit Marmor, kleinen Glasstücken, und Edelsteinen. Den Marmor sucht man bund aus, schneidet ihn in viereckigte kleine Stücke, und setzet von Kitt Gemählde zusammen, welche Art nur in Grotten gebraucht wird. Die mit Glasstücken und glasürten kleinen Steinen ist noch üblich. Man hat die kleinen Steine so schön gemahlet, als die Türckische und Englische Wolle. Von solchem Glasgusse macht man lange Kuchen, die man Fingerdicke zerschneidet. Diese Stücke werden nach der Schattirung in Kästgen gelegt. Soll nun gemahlet werden, so legen die Mahler die Steine nahe nach der Mahl aneinander, und verbinden es zart mit Kitt, als wenn es alles aus einem Glase wäre. Der Grund ist auch ein Rahm mit Kitt beschmieret. Der Kitt ist ein Teich von gebranntem Kalch, oder in Italien Pulver, Travertina, und feinem Sand. Mit feinem Sande, Gummi, Tragæt, Eierweis, und Leindl, werden die Steine zusammen gesetzt. Sie sind aber sehr kostbar, da unzählliche Stifte dazu erfordert werden. Kein Porträt von Mosaick kan unter zwey Jahren gemacht werden, wenn

wenn auch 8. Hände daran arbeiten. In Italien wird es aber sehr üblich, und die Wände der Peters-Kirche werden mit solchen Bildern behangen. Die verdammte Missethäter in Spanien werden dazu gebraucht. Die älteste Mosaick zeigt sich in der St. Marcus-Kirche zu Venedig. Wenn nun die heutige Mosaick poliret ist, so kan man daran keine Fuge sehen. Die Art, mit Edelsteinen zu mahlen, hat man zu Florenz erfunden, und in Frankreich unter Ludovico XIIII. nachgemacht. Man stellt von Edelsteinen Splittergen, Vögel, Blumen, Insectten, vor. Der Grund ist von Marmor, daran die Splittergen befestiget werden. Ein kleines Tischblatt wird für 100000. Rthlr. bezahlet. Der König August von Pohlen hat für zwey 300000. Rthlr. gegeben. In Frankreich zu Gobbolings legte Ludovicus XIIII. es auch an, es hörete aber nach seinem Tode wieder auf. Man kan aber mit den Edelsteinen nicht so gut schattiren.

Die Beurtheilung der Gewählde insbesondere komt darauf an. Wer von Gemählden geschickt urtheilen will, der muß wenigstens die Anfangs-Gründe vom Zeichnen inne haben. Wir wollen aber doch zeigen, was man bey Contrefaits, bey
Histo-

Historien, und bey Landschaften zu beobachten habe. (I.) Bey einem *Contrefait*
hat man 1) auf das Gesicht und auf die
Hände; 2) auf die Kleidung; und 3) auf
die Stellunge zu sehen. Auf die Gleichheit
kan man nicht allemal sehen , da man nicht
allezeit die Person selbst gesehen hat. Bey
dem Gesichte ist vieles zu beobachten , und
da haben die Alten eine grosse Hülffe gegeben , da sie hinten das Alter der Person aufgezeichnet. Die meiste Porträts zeigen nur blosse Gesichter. Allein, hände zu
machen , kostet grosse Kunst, und sind unter tausend Mahlern kaum zwey, die geschickte Hände mahlen , weil nicht alle fest
gnug in der Zeichnung sind. Allein, es
hält auch schwer , dem Mahler die Hand
in der erforderlichen Stellung immer so vor
zu halten. Rubens und Johann von Taick
sind darin die stärkste. Bey den Kleidern
hat man zu sehen , ob sie nach alter Art,
oder der Caprice der Mahler, gezeichnet
sind. Auf das Haar ist wohl Acht zu geben. Rubens, Rembrand und Titiano haben darin excelliret. Auf die Stellung hat
man auch viel zu sehen , oder die Action,
darin die Person gesetzt ist. So haben sich
z. E. viele mit einem Buche, andere mit
einer Fleute travers, noch andere mit einer
Laute, u. s. w. mahlen lassen. Besonders
ist

ift dabey auf den Blick zu fehen, der fo zu
fetzen ift, daß das Porträt allemal einen
anfiehet, welches nicht alle Mahler können.
(II.) Bey Hiftorien kan überhaupt angemerkt werden, daß ein hiftörifcher Mahler
noch feltener anzutreffen fey, als ein Cohtrefait-Mahler. Selbft le Brun erkannte es wegen der künftlichen Compofition,
der guten Einrichtung, und der befonderen
Stellungen, für fehr fchwer. Der Mahler muß in den Kleidungen und Stellungen
keinen Fehler begehen, fondern deshalb die
Alterthümer wohl verftehen. So trift man
z. E. das Abendmahl Chrifti oft fo abgemahlet, daß Chriftus und die Jünger fitzen,
da fie doch lagen, und zwar auf der linken
Seite. So mahlet man auf der Hochzeit
zu Cana in Galiläa weiffen Wein, da fie
doch nur lauter rothen im Orient hatten.
Bey Hiftorien muß ein Mahler die Affecten
auch wohl ausdrücken, welches der le
Brun, Angelo, und Titiano, fehr fchön
beobachten. Es muß auch eine jede Perfon
ihre befondere Geftalt haben. So hat z.
E. das Altarblatt in der hiefigen Johannis-Kirche, welches von Amberg gemahlet
ift, viele gleiche Gefichter. Ein Mahler
muß auch bey einer ernfthaften Sache nichts
lächerliches mahlen. Es muß auch die
Hauptperfon bey einer Gefchichte in das
gröfte

gröſte Licht geſetzt werden. Die Perſpectiv muß auch wohl beobachtet werden. Man
hat Hiſtorien, die ſich bey Tage, auch
ſolche, die ſich des Nachts zugetragen haben. Bey den Nachtſtücken wird eine groſſe Kunſt in Licht und Schatten erfordert.
Raphael hat groſſe Kunſt bey der Hiſtorie,
da der Engel den Petrus aus dem Gefäng-
niſſe führet, bewieſen. Erdichtete Stück
zeugen von der Fruchtbarkeit der Einbil-
dungs-Kraft eines Mahlers; ſie ſind aber
leichter zu mahlen, als ware Hiſtorien. (III.)
Die Kunſt, Landſchaften zu mahlen, iſt
eine der ſchwerſten, weil der Mahler dabey
am meiſten an die Natur gebunden iſt. Es
komt dabey hauptſächlich auf die Luft, die
nach den Jahrs- und Tags-Zeiten einzurich-
ten iſt, an. Es wird auch eine groſſe Ein-
ſicht in die Perſpectiv dazu erfordert. Die
Gründe müſſen auch wohl nach der Natur
erhöhet ſeyn. An den Bäumen muß das
verſchiedene Laub' auch verſchieden abgebildet werden. Eine Landſchaft ſolte billig
keine Perſonen abgebildet zeigen, da die
Landſchaft das Hauptwerk iſt. Die Mahler nennen das Mahlen der Perſonen auf
Landſchaften ſtaffiren, und da muß man
den Perſonen die rechte Gröſſe geben. Es
gehören dahin auch Seeſtücke, und verfal-
lene Gebäude. Zu unſern Zeiten hat ſich
Agrip-

Agrippa zu Regenſpurg viel Geld damit
erworben. (IIII.) Endlich gehöret hieher
auch noch die Beurtheilung, ob ein Ge=
mählde ein Original oder Copie ſey? Da=
ſu muß man die Zeichnung verſtehen, die
Schulen kennen, und Originale geſehen
haben. Man muß auch die Manier eines
jeden Mahlers wohl bemerken, und dann
bey einem jeden Gemählde darnach ſehen.
Es iſt ſchon ſchwer, nur eine Zeile von ei=
ner Handſchrift völlkommen ähnlich abzu=
zeichnen, und ſo iſt es noch viel ſchwerer,
ganze Gemählde ganz accurat abzuzeichnen.
Wenn man alſo nicht viele Galerien geſe=
hen, und ſich daraus einen Geſchmack er=
worben hat, ſo kan man nicht wohl davon
urtheilen.

Die Kupferſtiche und Holzſchnitte
pflegt man auch in Bilderſälen aufzubehal=
ten, und es iſt eine gute Anweiſung ſehr
dienlich dazu. Bey der Erneurung der
Künſte und Wiſſenſchaften iſt denſelben ein
groſſer Zuwachs geſchehen, daß man eine
Kunſt erfunden hat, mit ſo leichter Mühe
ein Gemählde ſo vielmahl abzubilden. Ku=
pferſtechen heißt ſo viel, als etwas tief
eingraben in Kupferplatte, ſie mit Farben
beſtreichen, auf ein genäßtes Papier legen,
und abdrucken. Man hat drey Arten des
Kupfer=

Kupferstechens, davon die erste die Mut=
ter der andern ist. Man läst nemlich eine
Kupferplatte schlagen, und zwar so dicke,
daß man sie zum Abdrucken gebrauchen kan,
auf einer Poliermühle glatt machen, und
alsdenn schleift man sie selbst mit dem
Gerbstahl und Baumöl so helle als einen
Spiegel, und reibt sie mit alten Filzen,
weil sonst leicht Risse darin verborgen sind.
Alsdenn lassen die Kupferstecher, die nicht
zeichnen können, die Platten mit dünner
Kreide bestreichen, und drucken darin ihren
Riß von Rötel ab. Ihre Grabstechel sind,
vom feinsten Stahl, und drey= auch wohl
viereckigt, die sie oft auf einem Steine
schleifen, oder, wenn sie sie weglegen, in
Quecksilber stecken, welches besonders die
Schriftstecher thun. Damit macht er nun
den Umriß. Schatten und Licht muß er
durch Schrafirung geben, d. i. ganz kleine
gerade Linien, oder Creutzlinien, oder auch
lauter einfache Zirkel=Linien, welches aber
viel Mühe kostet; davon ich nur eins von
dem Bartholomæo Kusel habe habhaft
werden können. Die Franzosen haben ei=
ne andere Art schrafiren, nemlich das Punc=
tiren, erfunden, welches ihnen die Italiä=
ner fast abgelernet haben. Der König von
Schweden Carolus XI. dessen Leben der
Pufendorff beschrieben, stehet davor so ge=
stochen.

ſtochen. Die andere Art Köpfe zu ſtechen
iſt das Radiren. Eine wohl polirte Tafel
wird mit Kreide und Eierweiß feſt überzogen, und ſo wird mit ſcharfen Nadeln die
Figur abgezeichnet. Darauf wird das Kupfer in einen Rand gefaſſet, und Etzwaſſer
darüber gegoſſen, welches die Ritze tiefer
einfriſt. Den Grund bringen ſie nachher
mit Oel wieder herunter. Wo es nun nicht
tief genug gefreſſen iſt, da helfen ſie mit dem
Grabſtichel. Es wird aber nicht ſo zart.
Heut zu Tage iſt das Radiren ſehr üblich.
Die dritte Art iſt die Mezo dinto, oder
ſchwarze Kunſt. Die polirte Kupferplatte wird nemlich mit einem Inſtrumente, wie
einem Roſtral mit Linien ganz in die Creutz
und in die Quer überzogen, daß ſie ſchwarz
wird; wo es nun ſchattig ſeyn ſoll, da
graben ſie ein, und das Licht erhellen ſie
etwas. Die Engelländer haben es am ſchönſten gemacht. Die Stücke von der ſchwar-
zen Kunſt ſind am geſchickteſten zum Illu-
miniren. Die Kupferſtecher und Kupfer-
drucker ſind aber nicht einerley, wie vor
Zeiten. Man macht eine Preſſe, die theils
in einem Druckwerck, theils in einer bloſſen
Walze, beſtehet. Das Kupfer wird ein
wenig warm gemacht, alsdenn die Dru-
ckerfarbe, die aus Weinhäfen und einem
Firnis von Leinöl und Kinrus gemacht,

O   und

und fein gerieben, aufgetragen und einge-
rieben wird. Alsdenn mit alten Lumpen,
die fein sind, abgewischt; worauf es am
meisten ankomt, und darin die Franzosen
sehr excelliren. Denn, wenn das Kupfer
nicht recht gewischt wird, so fält das schönste Kupfer nicht in die Augen. Das Papier
wird den Abend zuvor eingenehet. Die
Presse ist zu beyden Seiten mit dickem Filz,
und der Kupferstich mit einem Papdeckel,
belegt. Von einem jeden Kupferstich kan
man 1500. bis 2000. abdrucken, aber
nicht so viel von Radiren und der schwarzen Kunst. Die erste 25. Stücke taugen
nichts, aber die andere erste sind die beste,
da das Rauhe von förn schon abgerieben.
Die alte Griechen und Römer haben nichts
von der Kupferstecherey gewust, ob sie
gleich die Kunst, in Kupfer zu stechen, ge-
kandt haben. Conf. *Junius* de Pictura
Veterum. Das Buchdrucken hat Gelegenheit zu Erfindung der Kupferstecherey
gegeben, und zuerst hat man in Holz von
Birnbäumen geschnitten. In Frankreich und
in der Schweitz haben sich grosse Künstler
darin hervorgethan. Eine in Holz geschnittene Tafel kan auch so, als Buchstaben,
abgedruckt werden, und sind das die kostbarste Kupferbücher, da die Kupfer einge-
druckt werden. In Kupfersammlungen legt
man

man sich auch auf Holzschnitte. Ob nun
wohl unleugbar ist, daß sich die Mahlerey
in Italien zuerst hervorgethan, und die Italiäner die rechte Kunst im Mahlen allen andern Völkern mitgetheilet haben: so ist es
doch falsch, daß die Italiäner Väter von
der Kupferstecher-Kunst seyn solten, da die
Teutsche und Niederländer zuerst darauf
verfallen sind. Der *Vasary* in der Historie
der Kupferstecher - Kunst sagt, daß anno
1460. *Madaringa*, ein Goldschmied zu
Florenz, seine Arbeit auf Papier abgedruckt
habe. Dieses ist aber keine Erfindung der
Kupferstecher - Kunst. Es ist vielmehr er-
weißlich, daß *Albrecht Dürer* in Nürnberg, und *Lucas van Leyden* in den Niederlanden, zuerst angefangen haben, ihre
Stücke auf kupferne Platten zu stechen, und
abzudrucken, und zwar von anno 1511.
bis 1530. Von *Albrecht Dürer* haben
wir die Paßion Christi in zehen Kupfersti-
chen in Folio und Octav. Vom *Lucas
van Leyden* hat man viele weltliche Stücke.
Von Silber läst sich nicht leicht abdrucken.
Man sticht auch in Zinn; es hält aber
nicht lange; und so werden besonders No-
ten abgestochen, da das Zinn leicht corrigi-
ret werden kan. Den Teutschen muß man
die Ehre lassen, daß sie die Kunst zuerst
fortgepflanzet haben. *Martin Schön* ist

O 2   Dürern

Dürern faſt gleich gekommen; ſeine Stiche
ſind aber zu fein. *Adrian Kolard* hat die
Schrafirung verbeſſert, und iſt in Creutz=
ſtrichen ſtark geweſen. *Johannes* und *Ægidius Sadler* haben die Kupferſtecher = Kunſt
recht in die Höhe gebracht. Ægidius iſt
bey dem Kayſer Rudolpho II. geweſen, und
hat vortreflich geſtochen. Nach den Sad=
lern hat ſich die Kupferſtecherey faſt nach
Augſpurg und Nürnberg gezogen, da man
faſt Academien dazu angelegt hat. *Bartholomæus* und *Philipp Kilian* haben im Por=
trätſtechen excelliret. Philipps Sohn, der
Melchior Kilian, hat ſchlecht geſtochen.
In Landſchaften und Städte=Stechen hat
Merian zu Frankfurt excelliret. Seine To=
pographien ſind gar vortreflich. *Amling*,
der Hof=Kupferſtecher zu München, iſt ein
groſſer Porträtſtecher geweſen. Ihm kom=
men *Elias Heinzelmann* und *Heckenauer*
faſt gleich, aber doch nicht vollkommen.
Zu unſern Zeiten ſind *Schmid* in Berlin,
und *Genkel* in Nürnberg ſehr berühmt im
Porträtſtechen. In Italien gibt es eine
groſſe Menge Kupferſtecher. *Marco Antonio* iſt der älteſte, der Dürers Stiche erſt
nachgeſtochen. Er hat viele Schüler in
Rom, Neapel, und Venedig, gehabt.
Stephanus de la Bella und *Antonius Tem-
peſta* und *Piedro de Teſta* und die beyde Co-
racio

racio haben ihre Stücke und viele Antiquitäten in Kupfer gestochen. Unter Ludovico XIIII. hat man auch in Frankreich angefangen, die Kupferstecher-Kunst zu excol-
liren, und nun sind die Franzosen darin
fast inimitables. *Gerhard* und *Benedictus
Ordie* sind die erste gewesen. Zu diesen hat
sich *Gerhard Edeling*, ein Niederländer,
gefüget, die die Gemählde der besten Mahler vorgestellet haben; besonders die Batail-
len des Alexandri Magni vom le Brun;
der König hat die Platten vergulden, und
in die Mahler-Academie aufhängen lassen.
Nantenie war ein grosser Porträtstecher,
der sie so groß, als das Gemählde selbst
war, machte. Er hat für jedes Stück
600. bis 700. Rthlr. bekommen. Jetzt sind
die gröste in Paris der *Cheraut* und der
Trevet. Zu einem schönen Kupferstiche
werden allemahl ein schöner Mahler, ein
guter Kupferstecher, und accurater Kupfer-
drucker erfordert. Daher findet man die
Worte darauf: Pinxit. Sculpsit. Excu-
dit. Die Kupferstecherey ist darum höher,
als die Mahlerey, zu schätzen, weil man
mehrere davon haben kan, und alles mit
leichter Mühe gemahlet werden kan. Man
trift Portraits davon an von grossen Männern, und besonders Gelehrten, darin der
Boissard, ein Cavalier aus der Franche

O 3   Comté

Comté was grosses geleistet hat, der die
Bilder gelehrter Leute abdrucken ließ. Ich
habe sie fortgesetzt. Man hat auch viele
Kupferstiche von biblischen und weltlichen
Geschichten. Man hat mehr als hundert
Kupfer-Bibeln. Die letzte und prächtigste
ist des *Saurins* im Haag, die auf der hiesigen Bibliotheck ist. Man hat auch Kupfer von Landschaften. Man hat auch Risse von Gebäuden und Fortificationen. Endlich hat man auch Sammlungen der berühmten Gemählde grosser Männer. In
Bilder - Galerien liegen sie in Schubladen.
Oefters läst man sie mit Kleister, der mit
Toback - Wasser abgekocht ist, in Büchet
kleben. Es ist aber unrein. Man kan sie
ja in Bücher nach der Ordnung legen.

Die Handrisse der grossen Mahler und
Kupferstecher sind auch in Bildersälen zu
sehen. Gelehrte bekümmern sich freylich sehr
wenig darum. Es ist aber doch unserer
Neubegierde wohl werth. Handrisse werden die ersten Gründe der Mahler und
Kupferstecher genannt, die sie mit Rötel,
mit der Feder, mit Kohlen, mit Kreide, oder
mit einem Pinsel, auf Papier, Pergament,
oder auf Leinewand, zu Ausführung eines
grösseren Werks, oder ihrer Stücke halber,
entworfen. Es sind entweder blosse Idea-
lische

lische Stücke, die sie bey anderer Gelegenheit angewandt haben, oder andere. Jene
nennet man Italiänisch *Scizo*, Französisch
Brouillons. Denn alle Mahler sind nie so
verwegen gewesen, ein Stück so gleich zu
mahlen, sondern sie haben erst einen Ent-
wurf vor sich gemacht. Man trift davon
viele Stücke an. Die andere Art von
Handrissen werden bey den Mahlern Stu-
dien genannt. Wenn nemlich die Mahler
allerhand Geräde oder Glieder des Leibes
für sich gemahlet haben. Sie werden auch
academische Stücke genannt. Solche Handrisse sammlen die Künstler und grosse Herren sehr fleißig, und ist gewiß auch sehr viel
daraus zu lernen. Grosse Herren sammlen
sich dieselben, um beweisen zu können, von
was für Auctoribus die andere Stücke
sind. Man bekomt sie daher auch selten
zu sehen. Sie dienen aber sehr zur vollkom-
menen Erkenntnis der Mahlerey. Es ist
aber schwer, einen Riß wohl zu beurtheilen, da er nur aus Umzügen bestehet. Man
kan aber die Wissenschaft, die Freyheit,
und Geschicklichkeit, seine Ideen zu exprimi-
ren, daran erkennen. Bey allen stehet der
Name nicht, wohl aber bey den Italiänischen. Daher muß man schon vorher einen
Pinsel haben kennen lernen. Man findet
also, wenn man sie in Kasten besiehet, ent-

weder

weder den Namen dabey geleget oder gezeichnet, oder nicht.   Die erste Risse eines
Mahlers zeigen auch, was er von seinem
Lehrer erlernet, und wie er sich nachher verbessert und gleichsam mit eigenen Flügeln zu
fliegen, angefangen habe.

CAP. V.

Von Naturalien-Cabinettern.

Die Naturalien-Cabinetter sind deswegen vorzüglich anzusehen, weil sie
Schatzkammern der Wunder des grossen
GOttes sind.   Alle Menschen haben eine
Neigung zu der Betrachtung der Natur,
und sie ist auch sehr nützlich.   Vormahls
hat man Natur- und Kunstkammern mit
einander vermenget.   Es ist aber besser,
wenn sie von einander abgesondert werden.
Man nennet es ein Muſeum Naturæ, Ga-
zophylacium,   Theſaurus, Phyſiotech-
nium.   In neueren Zeiten hat der *Valen-
tini* ein Muſeum Muſeorum Naturæ geſchrieben, der des Ulyſſis *Aldrovandi* Phy-
ſiotechniam nachgeahmet hat.   Die Ma-
terialisten haben zuerst angefangen Naturalien

ralien zu sammlen. Man hat aber behaupten wollen, daß die Naturalien - Cabinetter älter wåren. Athanasius *Kircher* nennet die Arche Noah die erste Naturalien-Kammer. Man behauptet auch, daß Salomo ein Naturalien - Cabinet angelegt habe, da ihm selbst die heilige Schrift eine grosse Erkenntnis in natürlichen Sachen beyleget. Man ziehet dahin auch, daß Hiskia dem Assyrischen Gesandten seine Schaßkammer gezeiget habe, welches aber nur vom Golde und Silber zu verstehen ist. Vor dem sechszehenten Sæculo hat man kein rechtes Naturalien - Cabinet gehabt. *Aristoteles*, sagt man, habe auch ein Naturalien-Cabinet gehabt. Die Spanier schreiben, daß der grosse Kayser von Mexico einen grossen Naturalien Vorrath, einen Teich voll der raresten Fische, und Häuser voller raren Vögel und anderer Sachen, gehabt habe, und die habe er alle in Gold und Silber abbilden lassen. Heut zu Tage pflegt man nur rare und besondere Sachen in dem Regno Naturæ animali, vegetabili, und minerali, aufzuheben. Wir wollen diese drey Reiche durchgehen.

Das *Regnum animale* gibt uns merkwürdige Sachen von Menschen und von

O 5 Thie-

Thieren. (I.) Von dem Menschen hat man sich hauptsächlich bemühet, vieles auf-zubehalten, da er das edelste Geschöpf ist. 1) Die Egypter sind am fleißigsten gewesen, den Leichnam des Menschen von der Ver-wesung zu bewahren, wovon man noch vie-le findet. Sie werden mit einem Arabischen Worte Mumien genannt. Die Benen-nung der Mumie soll Cera oder Gummi bedeuten, wie der D. *Schultz* in Halle in einer Differtation dargethan hat. Man verstehet also durch die Mumie einen Cör-per, der ausgenommen, mit Gummi, Oel, und Harz, angefüllet, und mit Binden, die eben so bestrichen sind, umwickelt ist. Man findet selten ganze, sondern meistens sind sie zerschlagen. Die meisten werden in Höhlen von Sakara bey Cairo gefunden. Sie sind uralt, und *Herodotus* und *Diodo-rus Siculus* sagen, daß die Egypter den Fleiß nur bis auf Cambysen angewandt hätten; nachher haben sie nicht mehr so schön balsamiret. Eine Mumie ist gemeiniglich hinten offen, weil die Araber die darin ver-steckten Edelsteine heraus gesucht haben. Zu Venedig und Rom sind nur einige ganze an-zutreffen. Die Mumien sind mit Harz aus-gegossen. Einige sagen, es sey Judenpech oder Asphaltum gewesen, da es auch stark riecht, wenn man es auf das Feuer wirft.

Man

Man hat den Córper in ein mit Harz be-
strichenes Tuch gewickelt, und dann wieder
mit Harz übergoffen, alsdenn haben sie sie
mit Wasserfarben mit Hieroglyphischen Figuren und Gößenbildern übermahlet. Die
Römer nannten es Corpus polynctum, a
Polyngo, quasi poliens ungo, und die
Bediente, die es thaten, hiessen Polyncto-
res, und die Handlung Polynctura. *Ri-
vinus* hat anno 1655. de Ritu Polynctu-
ræ gehandelt, auch Christianus *Hoffmann*.
D. *Mied* in Coppenhagen hat eine vortrefliche Mumie gehabt, die der Schotte D.
Gordon zu Londen in Folio beschrieben hat.
Die Mumien wurden in Eben- oder Tan-
nenholz, welches stark mit Harz gebeitzet
war, geleget, welche Kasten man auch haben muß. 2) In Asien, America, und
Indien gehen zu gewissen Zeiten Winde,
die die menschliche Córper ersticken, und
wie Steine erhärten. In der Gottorpi-
schen Kunstkammer waren solche Córper.
Der grosse Medicus *de la Costa* hat davon
gehandelt. Man hat sie auch in Holland.
3) Man hat auch in Teutschland eine Art
von Leichen, die unverweßlich sind. In
Bremen sind in einem Grabe Leichen, die
300. Jahr alt sind. Ich selbst habe in dem
Closter Castel bey Amberg in der Pfalz eine Tochter des Kaysers Ludovici Bavari
unver-

unverweſet angetroffen. Ihr war freylich
das Eingeweide ausgeſchnitten. Die Jeſuiten lieſſen die Kirche renoviren, und fanden
die Leiche in ſolcher Geſtalt. Es komt
wohl vom Balſamiren her. 4) Die *Embryones* oder Fœtus von allen Monaten in
Spiritu ſind ſehr ſchön zu ſehen. In Dresden habe ich von einer Mohrin einen von
drey Monaten geſehen, der eine ganz ſchwarze Haut hatte. 5) Man behält auch Mis-
geburten auf. 6) Man zeigt auch künſtliche mit Wachs ausgeſpritzte Theile des
menſchlichen Cörpers, auch Geriopp der
Menſchen, oder Scelets, darin die Kunſt
ſehr hoch geſtiegen, da man ſie auch mit
den vorigen zuſammen hänget. 7) Man
zeigt auch verſchiedene Rieſengebeine und
Zähne, die aber wohl von Thieren ſind.
8) Man weiſet auch Steine, die bey Menſchen gefunden worden. In Dresden
wurden fünf Blaſenſteine gezeiget, die ſo
groß als eine Stachelnuß waren, die der
D. *Ziegler* in Leipzig bey ſich gehabt hat.
(II.) Unter den Thieren trift man 1) Von
vierfüßigen Thieren viele curieuſe Sachen
an, z. E. Glieder; Gerippe; Fœtus, dergleichen in Dresden einer von einem Ele-
phanten eine Spanne lang geweſen; Hörner, auch Hörner von Haſen. Man rechnet dahin die Elephanten-Zähne, welches
wirk-

wirkliche Hörner sind, oft von 8. Fuß;
in einigen findet man Kugeln, die darin
geschossen und verwachsen sind. Man hat
Thiere ohne Füsse, und einen Hasen mit
8. Füssen. Die Einhörner aber, die man
zeiget, und die 8. Fuß lang sind, sind nicht
Genuin, da man keine eigentliche solche
Einhorner hat. Es sind aber Hörner vom
Römfisch aus Grönland. Man hat es vormahls für das schönste Gegengift gehalten.
Es läst sich, wie Elfenbein, drechseln, und
der Königliche Dänische Thron zu Frie-
drichsburg hat Säulen davon. Man hat
auch Königliche Scepter davon gehabt. 2)
Nach diesen kommen die Animalia *Reptilia*,
wohin allerhand Ungeziefer, auch Schlangen, gerechnet werden, davon aus Asia,
Africa, und America, viele aufbehalten
werden. Sie werden in grossen mit Spiritu angefüllten Gläsern aufbewahret; oder
man nimmt sie aus, dörret sie, und bewahret sie so. Man schlage das Naturalien-
Cabinet des *Seba* auf, so wird man sich
wundern über die grosse Menge von Gewür-
men. Aus Italien kommen die Taranteln,
oder Schlangen von Tarento, die die Leute
sehr heftig stechen. Es gehören dahin die
Ameisen, die in Indien sehr groß sind. 3)
Was die Animalia *Volatilia* betrift, so
werden Vögel gezeiget, deren Fell man ab-
gezogen,

gezogen, und über einen Teich gezogen hat,
oder, die man außgenommen, die Augen
außgeftochen, und mit einer Mixtur von
Tarpentin, Spiecköl und Kampfer-Spiri-
tus, außgefpritzet, und gedörret hat. Auf
die Art hat man ganze groffe Adler und In-
dianifche Vögel aufbewahret. Oft fammlet man auch nur Federn von Vögeln, die
man mit Spiecköl beftreichet. In vielen
Naturalinn-Cabinettern fammlet man auch
befonderer Vögel Eier. Man fammlet
auch Nefter, die nicht ohne Verwunderung
zu betrachten find, da ein jeder Vogel feine
befondere Bauart hat. Auf *Schwammer-
dams* Befchreibung hat man auch angefangen allerhand Arten von Infecten zu
fammlen. 4) Was die Animalia *Aqua-
tilia* betrift, fo ift es eine groffe Frage, ob
mehr Thiere im Waffer, als auf der Erden find? Fifche können nicht anders, als
trocken, aufbewahret werden, da fie im
Spiritu Vini verderben. Befonders fammlet man eine fchöne Art von Mufcheln und
Meerkrebfen, daraus man das Fleifch
nimmt. Man rechnet dazu auch Corallen
und Perlen, auch den Bernftein oder Acht-
ftein, der nur in der Oftfee und in der Ge-
gend von Preuffen gefunden wird. Der
weiffe wird für den fchönften gehalten. In
dem braunen findet man oft Fliegen und
Infec-

Insecten. Der D. *Pezold* in Leipzig hat
von dem D. *Hartmann* eine Kunst erlernet,
den Bernstein aufzulösen, und andere Dinge damit zu überziehen. Der D. *Kerk-
ring* überzog gar schon Embryones damit,
und wenn er nicht gestorben wäre, so hätte
er grosser Herren Leichen damit unverweßlich gemacht. In den Indianischen Mee-
ren findet man den Ambra. 5) Zu den
Animalibus aquatilibus gehören auch die
Conchilia. Man hat schon sieben bis acht
hundert Arten von Conchilibus entdecket.
Der grosse Engelländer Martin *Lustre*, hat
anno 1685. zu Londen eine Historiam
Conchiliorum heraus gegeben. Es sind
darin 1689. Kupferstiche. Der Jesuit *Bo-
nami* hat es in einem besonderem Buche
beschrieben. Zu Florenz ist das Theatrum
sive Index Conchiliorum, quæ adser-
vantur in Museo Nicolai *Gualterii*, mit
vielen Kupfern heraus gekommen. Sie
werden nach den Oertern in Terrestria,
Fluviatilia, und Marina; nach ihrer Gestalt in Univalvia und Bivalvia; und jene
in Turbinata und non Turbinata eingetheilet; jene sind entweder Spiralia, oder
Pyramidata, oder Circularia; in Ansehung
der Farbe theilet man sie in colorirte und
nicht colorirte. Man muß davon die Struc-
turam Partium, die Grösse, und die
Schön-

Schönheit der Farben, bewundern. Sie
werden oft sehr theuer bezahlet. Wenn sie
aus der See kommen, so müssen sie erst
poliret werden, worin eine besondere Kunst
bestehet. Die Muschel-Cabinetter sind sehr
häufig anzutreffen. Man sammlet sie gerne
parweise. Sie werden selten einzeln, sondern meistentheils zusammen verkauft. Die
Conchilia cochlearia sind sehr schön zum
Trinkgeschirr.

Das *Regnum vegetabile* ist auch sehr
fruchtbar. Es gehören dahin die Herba-
ria viva, die man sehr sorgfältig angelegt
hat. Blumen lassen sich nur getrocknet
aufheben, da sie doch verderben. Man hat
angefangen, die Blätter im Wasser zu
anatomiren. Sie sehen aus, wie Netze,
und haben, nach *Malpighaii* Aussage, Ve-
nas und Arterias. Es wird aus dem Regno vegetabili auch eine Sammlung von
Holz aufbehalten, wie es in der Natur
aussiehet, und wie es läst, wenn es geho-
belt ist. Man bewahret sie in Repertoriis,
da sie wie Schublädgen oder Büchergen
aussehen. Herr M. *Klodius* aus Leipzig
hat vorn König Augustum 2700. Hölzergen
für 1000. Rthlr. bezahlt. Man bewahret auch
rare Gewächse in Europa, als Aloe, auch
beson-

beſondere Wurzeln , und rare Bäume,
als vom Zimmet-Baum die Wurzel , 2c.
Die Vegetabilia findet man mehr apart,
und nur ſelten mit in den Naturalien-Cabinettern.

Das *Regnum minerale* iſt ein ſehr weitläuftiges Feld. Diejenige, die in der Betrachtung der Geſchöpfe Vergnügen gefunden haben, ſind auch in die Tiefe des Meers
gedrungen, und haben da alles ſonderbare
aufgeſucht, und, wie *Ovidius* ſagt, Itum
eſt in viſcera Terræ. Man nennet dieſen
Vorrath Regnum minerale oder Foſſile.
Es iſt dieſes ein ſehr weitläuftiges Reich,
und man muß über den Fließ erſtaunen, den
man ſich dabey gegeben hat. Gleich bey
dem Anfange der Welt iſt es dem Menſchen nicht bekannt geweſen, was unter der
Erden verborgen ſey; und er hat dieſe Erkenntnis theils den aus den Bergen hervor-
quellenden, und Gold mit ſich führenden
Waſſern zu danken; da dieſelbe nicht allezeit klar, ſondern oft trübe ſind, auch nicht
einerley Geſchmack haben: ſo hat das den
Menſchen Gelegenheit gegeben, zu vermu-
then, es müſſe da, wo dieſe Waſſer her-
kämen, was verborgen ſeyn. Etliche Erd-
gewächſe dringen auch aus der Erden, und
brechen an den Tag, daß man ſie leicht er-

P   kennen

kennen kan. Man nennet diese Wissenschaft die Mineralogie, davon sich die Me-
tallurgie unterscheidet, die nur mit Metal-
len zu thun hat. Will man also das grof-
se Feld der Mineralien durchgehen, so muß
man eine gute Eintheilung machen. Man
hebt nemlich in Naturalien-Cabinettern auf,
Metalla, Semimetalla, Feuerfangende Materien, Salze, mancherley Arten von Erde, und besondere Arten von Steinen.
Einige haben noch Glebas steriles dazu genommen. (I.) Metal wird ein Corpus
fossile, durum, cusile, genannt, welches
sich schmelzen, und durch den Hammer ausbreiten läst. Es hat sechs Species, Gold-
erz, Silbererz, Kupfererz, Zinnerz, Bleyerz, und Eisenerz, die alle wie Steine aussehen, die diese Erze in sich halten, und geschmolzen werden müssen. Sie bleiben
aber alle in einem sie nicht verzehrenden Feuer
immer eins. Man kan es durch den Hammer in dünne Laminas ausbreiten. Die Erze, die mit Stein umschlossen sind, haben
Anlaß gegeben, daß der berühmte Schwede *Linnæus* sie alle für Steine hält, da
doch die Steine nicht durch einen Hammer
ausgebreitet, und auch nicht alle geschmolzen werden können. Daher seine Lehre nicht
immer statt gefunden. Er gründet sich auf
den *Theophrastum Eresium* de Lapidibus,

der

der alle Bergstücke Lapides nennet.
Teutschland hat die Ehre, daß es zuerst in
Erfindung der Mineralien allen andern vorgegangen ist.   In der Mineralogie sind
bisher noch wenige Bücher geschrieben.
Der erste ist Georg *Agricola*, ein Medicus in Chemnitz, der in teutscher und lateinischer Sprache die Mineralien mit grossem
Fleisse beschrieben hat.   Die Bergleute haben ihre eigene Sprache und Terminos
technicos.   Der Georg *Agricola* hat sie
ausgekundschaftet, und in das Lateinische
übersetzt, und zwar, wie ein anderer *Pli-*
nius.   Es sind zween Folianten.   Es gehöret auch hieher des Joannis *Matthesii*, der
ein Famulus und Tischgänger Lutheri war,
Sarepta oder Berg-Postille.   Er war der
erste evangelische Prediger im Joachims-
Thal, da die Silber-Bergwerke unter den
Grafen von Schlick entdeckt worden. *Mat-*
thesius hat mit den Bergwers-Leuten nach
ihrer Sprache reden müssen.   Er nahm daher biblische Texte, die sich auf sie schickten,
und erklärete sie, woraus die Berg-Pre-
digten entstanden sind. *Matthesius*, ob er
gleich nicht sehr gelehrt ist, so ist er doch
wohl zu gebrauchen. Unter den Italiänern
hat sich Ulysses *Aldrovandus* darin hervorgethan, der ein Muſeum Metalli geschrieben hat, welches sehr rar, und nur zu

Bono-

Bononien ausgegeben worden iſt.   Michaelis *Mercati* metallotheca iſt auch faſt verlohren gegangen.   Joannes Maria *Janci-
ſius*, der Leibmedicus des Pabſtes Clementis XI. beredete denſelben, daß er es zu
Rom anno 1719. wieder drucken ließ.   r)
Von Golderzen hat man zweyerley Arten,
nemlich Graben - Gold, und Fluß- oder
Waſchgold.   (a) Die *Glebæ auriferæ Foſ-
ſiles* ſind die rareſte in Naturalien-Cabinettern, da ſie nach dem Gewichte verkauft
werden.   Sie werden gemeiniglich in Käſtgen nach den Theilen der Welt geleget,
von Spanien aber wenige.   Die Goldſtufen werden wieder in vier Claſſen abgetheilet.   Es gibt α) gewachſene oder gediegene Goldſtufen, die die rareſte ſind, da
das Gold nur geſchmolzen und gereinigt
werden darf.   Es gibt β) roth Gülden-
erz, welches ſo genannt wird, weil die
Gleba roth iſt, und dieſe ſind ſehr reich
von Golde.   Es gibt γ) reiche Goldgüſſe,
die die Bergleute Gülfte, und die Lateiner
pyrites Auro prægnantes, nennen, welches erſt gebrochen werden muß.   Endlich
δ) gibt es auch vermiſchte Erze, darin
Gold, Silber, Antimonium, ſteckt, und
die die ſchlechteſte am Gehalt ſind.   (b)
Fluß- und Waſchgold wird in Flüſſen in
dem Sande angetroffen, weil, wenn in
dem

dem Berge, woraus die Quelle gehet, eine
Goldader ist, das Wasser grosse Stücke
davon mitnimmt. Es sind α) Geschiebe
oder grosse Stücke Gold, die das Wasser
abgerissen hat; β) Goldflimmer oder kleine Goldsträusgen, die im Sande liegen.
Es gibt dergleichen in Ost-Indien, Brasi-
lien, China. In Teutschland hat man dergleichen viele gefunden, und besonders im
Rheinstrom, wo vor 200. Jahren eigene
Goldwäschen gehalten worden sind. Man
findet auch selbst in der Donau Gold. In
Europa trift man das meiste Gold in Ungarn und Siebenbürgen an. Man behauptet, daß es in mehreren Gold-Bergwerken
zu finden sey; es verlohnet sich aber oft der
Mühe nicht. Vor 50. Jahren hat man
auch angefangen, Aurum Hercynium zu
machen. Es gibt (c) auch falsche Goldstufen, die man auch in Mineralien-Cabi-
nettern antrift, weil die Goldstufen so kostbar sind. Nemlich es haben einige in Zi-
noberkies kleine Goldstücke hinein gegossen,
und für ächt verkauft. Sie werden
aber daran erkannt, daß sich das Gold
leicht herausnehmen läst. Es ist auch (d)
dahin zu rechnen das Chinische Gold, da
man vorgegeben hat, es sey aus Schwefel
und Quecksilber hervor gebracht worden.
Man zeigt es in allen Naturalien-Cabinet-

tern

tern. *Paracelfus*, *Bafilius*, *Theophraftus*,
sind gleichsam die Erzväter der Adeptorum
in Europa. Das Gold ist aber sehr schlecht,
und noch geringer, als Cronen-Gold. Der
letztere Goldmacher ist der jüngere *Helmont*,
der bey dem Herzogen Christian August
von Sulzbach gewesen, der wirklich die
Kunst gekonnt, aber nur so viel gemacht
hat, als er nöthig hatte; er gab einem ar-
men Manne niemals was anders, als einen
Ducaten. Man setzet auch Eisen an Gold.
Ich halte aber doch die Kunst geringere
Metalle in Gold zu verwandeln, so lange
für eine falsche Kunst, bis ich selbst erst besser davon überführet bin. Man kan aber
Gold in einen Liquorem verwandeln, und
daraus wieder Gold machen. 2) Von
Silbererzen gibt es achterley Arten. Man
hat (a) gewachsen Silber, sincerum Argentum, dergleichen in Stein und Kies
wächset, in Ungarn und Norwegen. Ist
es dicke, so heist man es Silberzähne; ist
es Baumförmicht, so nennet man es Argentum sincerum *Dendroides*. Man hat
auch (b) *Fila capillaria* Argentea, die
wie Haare kraus gewachsen sind. Man hat
auch (c) kleine gewachsene Bleche von
Silber, die die schlechteste sind. Man hat
(d) Glas-Silbererz, welches das Reich-
haltigste Silber ist. Es siehet gemeiniglich
wie

wie Olei braun aus, und läſt ſich leicht
durch den Hammer prägen, und habe ich
eine ſchöne Münze vom Kayſer Auguſto zu
Goslar davon geſehen. Man findet in
Unzarn, auch zu Freyberg, und Schneeberg, dergleichen. Der Centner davon hält
4. bis 5. Mark. Man hat (e) roth Gül-
dners, welches Rubinfarbig und ſehr reich
iſt, und in Ungarn, auch auf dem Harz,
und zu Freyberg, gefunden wird. Man
hat (f) weiß gültig Silbererz. Man
hat (g) fahl Silbererz, Cinerei Coloris
Argentum, welches in Böhmen häufig
gebrochen wird, und nicht reich iſt. Man
hat (h) Federerz, welches ſo flüchtig, wie
Federn, iſt, davon der Centner kaum 10.
Roth hält. 3) Von Kupfererzen hat man
ſiebenerley Arten, die überaus nützlich ſind,
davon wir die vornehmſten anführen wollen.
(a) gediegene und gewachſene Kupfererze,
die haaricht, knospicht und baumicht wach-
ſen. In Ungarn und auf dem Harz wach-
ſen ſie am häufigſten. (b) Kupferzieber,
deren zu Jlmenau viele ſind. (c) Kupfer-
Glas, welches ganz feilich und blau iſt,
und heiſſet Æs rude plumbei Coloris.
Es bricht ſtark im Anhaltiſchen. (d) Kup-
fe-Ries, und zwar ein drüſigter. (e)
Kupferwaſſer oder Cerment findet ſich in
Ungarn zu Neiſal, welches ſich um ein darin
geleg-

gelegtes Eisen leget, und fest wird. Die
Bergleute sagen, das Eisen würde in Kupfer verwandelt, welches aber falsch ist.
Man macht aus diesem feinen Kupfer viele
Tabatiers, und allerhand andere Sachen.
4) Von Zinnerzen haben die Alten wenig
gewust. *Plinius* hat es Plumpum candidum genannt, und sagt, es wäre von der
Insel Candiderida, worunter Brittanien
zu verstehen ist. Man hat Berg=Zinner
und Seifen=Zinnerz. (a) Von dem Berg
Zinnerz hat man Zinngraupen, das in
Böhmen und Sachsen in Klumpen wächst.
Man hat davon auch Zwittererz. Gewachsen Zinn findet man eigentlich nicht,
und die Stufen in Naturalien-Cabinettern sind gekünstelt. (b) Das Seifenzinn
wird mit Wasser aus den Bergen geleitet,
da man Wasser in die Berge gieset, und
es heraus spület. 5) Das Bleyerz, oder
Plumpum nigrum, ist die reinigende Materie von allen andern Erzen. Es wächst
in Ungarn sehr viel. Die Bergstücke sind
sproßigt und stuckigt. 6) Das Eisenerz
ist sehr nützlich, und die göttliche Vorsehung hat in allen Bergwerken Eisen verborgen. Es sind davon vier Arten. (a) Gewachsenes, welches in Schweden, Ungarn, und zu Salzburg, sehr rein ist. (b)
Der Glaskopf, davon der Centner P.
Pfund hält. (c) Der Blutstein, der ganz
oth

roth ist, der das Blut stillen soll, und daher Hæmatides genannt wird. (d) Eisern-Spat, oder zugewitterte Eisen, die zu zusätzen gebraucht werden. Zu den Erzen rechnet man auch 7) die sogenannte Quärze und Flüsse. Sie sind von vielerley Farben untereinander in vielen Figuren. Sie werden zur Außzierung der Grotten gebraucht. Jetzo werden aber nicht so viele Quärze gebrochen, welches sehr sonderbar ist. Eine gewisse Art Quärze fliessen im Feuer, und die setzt man zum Eisenstein, der sich leicht schmelzen läst. (II.) Die *Semimetalla* brechen in der Erden, wie Metalle in Steinen, sind aber solche, die das Feuer nicht aushalten, sondern oft auffliegen, auch den Hammerschlag nicht vertragen können. Sie sind aber doch nützlich. Es gehören dahin 1) Spiesglaserz. Dieses ist sehr nützlich zum Zusatz. Es brennet grob und klein spiesigt. 2) Zinober- oder Quickerz, das erst das Queckfilber und einen rothen Stein, Lapidem Minium, enthält. Wo dieses anzutreffen ist, da findet man meistentheils auch Gold. Queckfilber ist aber fast die Mutter alles Metals. Es ist sehr darüber gestritten worden, ob Queckfilber ohne Zusatz hervorkomme? Zinobererz bricht in Ungarn und Tirol. 3) Robolde, welches gleichfals ein verzehrendes Erz ist, das alle andere frist. Er enthält

Den

den Wismuth, den Zusatz zu Glocken, und
eine Erde, die Galmei heißt, aus welchem, wenn es zu Kupfer gesetzt ist, Mes-
sing wird. Er enthält auch die blaue Farbe, die davon gezogen wird, wenn der
Wismuth davon ist. Das *Arsenicum* ist
ein Ruß vom Kobolderze. Sie sind
von viererley Art, und wachsen, (a)
drüsigt; (b) wie Würfel und klein;
(c) in allerhand Steinen, der nicht reich
ist; (d) ein Sternförmigter Kobold. Den
unreinen Kobold nennet man die Kobold-
Blüthe. Er ist überaus schwer. Er wird
in Sachsen besonders häufig gegraben, und
wird auch viel gestohlen, und nach Böhmen gebracht; daher es ein Schimpfwort
ist, wenn man jemanden einen Kobold-
Dieb nennet. Der Kobold, der auf dem
Harze gefunden wird, ist nur zum Zinck-
und Galmei geschickt. (III.) Zu den Feuer-
fangenden Materien gehöret 1) Das
Schwefelerz, welches in Kobolden ist, und
auch besonders wächst, auch schrötighalti-
ge Marcasiten. Was von dem gereinigten
Schwefel abtröpfelt, ist der Jungfern
Schwefel. 2) Die Harze gehören auch
dahin, die entweder Bitumina *solida* oder
fluida sind. In Teutschland findet man
wenige Bitumina solida. Man rechnet
dahin die Steinkohlen, die in Schottland

am

am besten gefunden werden. Einige mey= nen, die Steinkohlen wären verschwemtes Holz von der Sündfluth, das mit Harz vermenget, und so verbrennlich geworden wäre. Das Judenpech gehöret auch da= hin. Fluida Bitumina sind in dem Berge Hekla, und in Italien, anzutreffen. (IIII.) Die *Salia metallica* sind Solida, und nicht die Salzquellen. Sie sind am besten in Pohlen ohnweit Krakau, da eine unerschöpf= liche Grube ist. Die Farbe ist hauptsächlich grau; es bricht aber auch weiß, welches *Sal Gemmæ* genannt, und in der Arzney= Kunst gebraucht wird. Es wird auch in Ungarn und Böhmen gegraben. Der Vi= triol ist auch eine Art vom Salze, die sich bey Kupfer und Steinen findet. Alaunen= Salz wird in Kiesstein und Federerz gefun= den. (V.) Unter den besondern Arten von Erde haben wir Handwerks=Erde, medici= nische Erde, und Glebas steriles zu bemer= ken. 1) Zu der Handwerks=Erde gehö= ret (a) die Kreide, welche man weiß, schwarz, und roth, antrift. In der In= sel Creta und Maltha ist fast keine andere Erde; daher daselbst alle Leute grüne Bril= len tragen, um das Gesicht nicht zu verder= ben. Oefters findet man mitten darin den schönsten schwarzen Agat. Die rothe wird in Italien, und auch zu Eger; die schwarze
aber

aber in Italien und Tirol, gegraben. Es
gehöret dahin (b) Ocker, welcher blau,
gelb, und roth ist. (c) Walkerde, Terra fullonica, davon die Englische alle andere übertrift. (d) *Bolus* oder Rötelstein,
der zum zeichnen gebraucht wird. (e) Bley-
weis oder Cerussa, welcher ein unreifes
Bley ist; davon der schönste in Engelland
gefunden wird. (f) Trippel, die man zuerst zu Tripoli in Africa gefunden, daher es
auch den Namen bekommen hat. (g)
Schmerzel-Erde oder Smiris, die die
Glasschleifer gebrauchen, davon die schönste in Biscaja ist, wornach die Alchymi-
sten sehr streben. (h) Porcellain-Erde,
Terra alba farinacia, davon man die beste in Sachsen bey Schneeberg an der Awe
zu dem Dresdenschen Porcellain gräbt. 2)
Von der Arzney-Erde hat man nur Terram *Lemniam*, die röthlich aussiehet: Sie
zerspringt vom Gift; daher die Alten viele
Trinkgeschirre daraus gemacht haben. Sie
wird auch Terra sigillata genannt. Die
Medici sagen, es sey eine schwere Tonerde.
Die Japoneser und Malthefer ist die beste.
Doch findet man verschiedene Arten. 3)
Man sammlet auch *Glebas steriles* Metalla
Fingentes, die sehr schön aussehen, aber
nichts in sich haben; sie sind auch nicht
schwer, und daran leicht zu erkennen. Sie

heissen

heiſſen (a) **Wolframen**, die ganz ſchwarz ſind, wie Zinngrauen. Sie halten etwas Arſenicum in ſich, wenn ſie geſchlagen und geſchmolzen werden. (b) **Waſſerbley**, Molyptorides, ſiehet grau aus, und iſt eine Art von unreifem Bley. (c) Die **Blende**, Gleba plane inanis, wird ſo genannt, weil ſie den Bergmann blendet, da nichts darin iſt. (d) **Glimmer** glänzt ſehr, und iſt Schuppenartig. (e) **Federweiß**, Aspheſtus, ſiehet graulich aus, iſt ganz unverbrennlich, und läſt ſich ſpinnen. Daher man meynet, die Alten hätten ihre Todten in Leinewand von ſolchem Erz gewickelt. Es wird in Moſcau, Böhmen, und Mähren, gebrochen, und auch Steinflachs genannt. (f) Das **Frauenglas**, Glacies Mariæ, läſt ſich beugen, und wird bey Alabaſter-Bergen gebrochen. Man legt es über Bilder. Groſſe Stücke findet man nicht. (g) **Gips**, eine Art von Kreideſtein, läſt ſich brennen, und iſt ſehr nützlich, wenn er geſtoſſen und durchgeſiebet iſt. (VI.) Die Steine machen auch eine Hauptclaſſe unter den Mineralien aus. Sie ſind entweder gemeine Steine, oder Edelſteine. Ein Stein iſt eine aus der Erden gegrabene harte Materie, die ſich durch Waſſer und Feuer gar nicht, wohl aber durch den Hammer zertheilen läſt. Conf. *Bott* in Lytognoſia.

nofia. Dahin gehören Steine von befon-
dern Eigenschaften, z. E. der Filtrir-
stein, der, ob er gleich sehr hart aussiehet,
das unreine Wasser doch gut abkläret;
wie man denn, da er in America, und in
Sachsen zu Merseburg und Jena, entdeckt
worden, denselben an allen Orten, wo das
Wasser schlecht ist, zur Reinigung deffel-
ben braucht. Es gibt auch wohlriechende
Steine, die von Kräutern den Geruch angenommen haben, z. E. die Violensteine.
Der Geruch komt aber nur alsdenn, wenn
die Steine gerieben werden. Sie sind auf
dem Alpengebürge am häufigsten anzutreffen. Wir wollen nun die vornehmsten
Steine, die man in Naturalien-Cabinettern aufzuheben pflegt, durchgehen. 1)
Die Marmorsteine sind von verschiedener
Art. Es ist eine erstaunende harte Art von
Steinen, die nur schön aussiehet, wenn er
geschlagen und bearbeitet ist. Man theilet
ihn in inländischen und ausländischen ein.
Vor Zeiten hohlte man ihn nur aus den
Griechischen Inseln. Man hat Marmor,
der sich gar nicht zwingen läst; einen
etwas mürberen; und einen weichen, der
sich sehr wohl regieren läst. Von der ersten Sorte sind Porphyr, der dunkelroth
ist, und Lapis *Lydius*. Der Porphyr
ist aus Egypten geholet worden. Die Römer

mer und Griechen haben in ihren Bädern
grosse Wann daraus gemacht. Statuen
hat man nicht leicht daraus machen können.
Der *Lapis-Lydius* ist schwarz, und dienet
den Goldschmieden sehr, die Farbe des
Goldes anzuzeigen. Daraus sind die Egyptische Obelisci gemacht worden, deren
noch sechs zu Rom sind. Man findet davon nur manchmal noch Köpfe, die auf einen Brustbilde von anderem Marmor gestanden haben. Heut zu Tage hat man
ihn nicht so hart, als in Lydien. Man
theilet den Marmor auch nach den Farben ein. Man hat weissen, grauen oder
schwarzen; und bunten, welcher der gemeinste ist. Der weisse ist der schönste,
und ist aus der Insel Paros von den Pracht-
liebenden Römern, geholet worden. Es
gleicht ihm keiner an Reinlichkeit; er
hat keine Flecken, und scheinet fast durchsichtig. Man darf ihn nun, wegen der
abergläubischen Türken, nicht mehr holen.
Der Italiänische Cararische Marmor ist
sehr schön. Man holet ihn aus Carara,
welches nun ein Fürstenthum ist, zwischen
Genua, Piemont, und Mantua, gelegen,
und dem Herzogen von Modena gehöret.
Die Römische Statuen, und die zu Ver-
failles, sind davon gemacht. Den grauen
braucht man zur Auszierung der Gebäude.

Er

Er läſt ſich durch Sägen in Tafeln zer-
ſchneiden, und es werden die Wände in
den Kirchen und Palläſten damit beſetzt.
Zu Statuen wird er eben nicht gebraucht.
Der bundfärbige iſt verſchieden. Gelbgrün
iſt rarer, blaurothweiß iſt gemeiner. In
Rom werden kleine Käſtgen, wie Sede-
bände, von 460. Arten Marmor für 50.
Scudi verkauft. Der Bildhauer Citarel-
li handelt damit. Zu dem Marmor gehören noch zwey Arten des zärtern Mar-
mors, nemlich der *Ophytis*, und der Alabaſter. Der *Ophytis* oder Serpentin,
der nur zu Zebliß im Erzgebürge Meiſſen
gebrochen wird, und braun ausſiehet, und
zu Geſchirren gebraucht wird. Er wieder-
ſtehet dem Schlangengifte. Er läſt ſich
ſchön drechſeln. Die mit rothen Flecken
ſind ſehr rar. Der Alabaſter gehöret auch
hicher, der nur weiß bricht. Er iſt ſehr gelinde, und läſt ſich mit dem Federmeſſer
ſchaben; aber nicht der Marmor. Er iſt
aber ſehr ſchön zu arbeiten, und wird häufig angetroffen. Alle Länder, wo Bergwerke ſind, haben auch ſehr viel Alabaſter
und Marmor, beſonders Teutſchland, und
darin hauptſächlich Salzburg, allwo der
Erzbiſchöfliche Pallaſt ganz davon erbauet
iſt. Sie haben daſelbſt Mühlen erdacht,
worauf ſie viereckte Stücke geſchnitten, auf
kleine

kleine und grosse Kugeln gedrehet haben.
Der figurirte Florentinische Marmor
ist auch sehr rar. Er bestehet aus dünnen
Tafeln, die schichtweise im Florentinischen
Geburge gefunden werden. Die gröste davon sind, wie ein halber Bogen. Daß sie
Marmor sind, solches beweisen alle Pro-
ben. Figurirte werden sie genannt, weil
sie gelb von Grunde sind, und Figuren von
brauner Farbe haben, die wie Feisen, Berge, Wälder, aussehen. Auch inwendig
sind diese Figuren. Diese Figuren kommen
daher, weil die Feuchtigkeit von den Bergen, die den Marmor anfeuchtet, solche
Ueberbleibsel nachläst. Man zieret kleine Kästgen damit aus. - Die Italiäner haben aber
angefangen, in dünnen Marmor allerhand
Figuren zu beitzen, und nun muß man also
besorgen, daß man betrogen werde. 2)
Die Edelsteine sind entweder rohe, oder
geschliffene. Wenn ein Naturalien-Cabinet vollkommen seyn soll, so muß es beyde aufweisen können, da ein geschliffener
Edelstein eine ganz andere Gestalt annimmt.
Die rohe Edelsteine werden von den Italiänern Körner genannt, da man sie fast
nur so groß findet. Die Edelsteine sind von
den ältesten Zeiten her gebräuchlich gewesen. Der Hohepriester des Alten Testa-
ments muste ein Kleinod von zwölf beson-

deren

deren Edelsteinen tragen, welche *Epipha-
nius* beschrieben hat. Es sind auch immer
unter den Vornehmen die Edelsteine als
Schätze angesehen worden. Die Edelsteine werden gemeiniglich nach den Farben
eingetheilet, in solche die durchsichtig sind,
und in solche, die halb durchsichtig sind,
und Hemidiaphonas oder Opacas heissen.
Jene sind die kostbarste. Zu den Haupt-
Eigenschaften gehöret die Farbe, die Härte, und die ihnen eigene Kräfte in den Arz-
neyen. (a) Von den halb durchsichtigen
Edelsteinen, oder Gemmis opacis, ist *a*)
die erste und gemeinste Sorte der Agat,
der fast allenthalben gefunden wird. Die
ächte werden in Kugeln, welche Hæmi-
sphæria ausmachen, gefunden, die durch
einen Leim zusammen gehalten werden.
Inwendig sind die Steine rund, und darin sitzt inwendig der Edelstein, der eine sehr
liebliche Farbe hat. Er läst sich durchaus
nicht feilen. Die Venetianer haben in der
Insel Murano gesucht, den Agat nachzu-
machen; es hat ihnen aber nicht sehr geglü-
cket. *Plinius* erzehlet, daß der Pyrrhus
einen Agat gehabt habe, worauf der Apollo mit den neun Musen deutlich gestanden.
In Wien ist in der Schatzkammer eine
unvergleichliche Schale davon, darin der
Name Christus stehet, der wohl eingebei-
tzet

ᵗᵉᵗ iſt. Mr. *du Fait* dans l'hiſtoire de l'Academie Françoiſe année 1728. hat ſie beſchrieben. ß) Der andere dunkele Edel-ſtein iſt der Jaspis, welcher grün iſt, aber am rareſten iſt, wenn er rothe Striche hat. Er bricht auch in Kugeln. Den Aſiatiſchen hält man für den beſten, welcher gar nicht verfälſcht werden kan. Er bricht gröſſer, als der Agat, und man hat kleine Säulen, davon. γ) Der Laſur- oder Azurſtein, Lapis lazuli, iſt von einer hohen blauen Farbe, und hat kleine Puncte vom Golde. Das abgeſchliffene dienet zu dem ſchönen Ultramarin. In der Jeſuiter-Kapelle St. Ignatii zu Rom ſind vier groſſe Säulen, jede 21. Schuh hoch, davon, die aber zu-ſammen geſetzt ſind. Gröſſer hat man ſie nie angetroffen. Dieſer Edelſtein iſt ſehr hart. Die Italiäner haben ihn nachzu-machen geſucht, der aber vom Waſſer er-weicht, ſich ſchaben läſt. Die ſchönſte Stücke werden in der groſſen Tartarei ge-funden. δ) Der Carniol oder Sardus wird in der Inſel Sardinien gefunden. Er heißt Carniol, weil er fleiſchfarbigt iſt. Der Orientaliſche iſt rarer. Das Gold erhöhet ſeine Couleur. Er bricht nicht ſo groß als eine Hand. Die gröſte Stücke ſind Gliedlang. ε) Der Türkis iſt himmel-blau, und wird in Perſien, und in dem

Q 2　　　　Türki-

Türkischen Asien, gefunden. Die Farbe
verwandelt sich aber endlich in grüne. Der
Grund ist immer schwarzig, daher man einige mit schwarzen Adern findet. In der
Türkey ist er gemein. Er ist oben rund,
als eine halbe Erbse. Er bricht nur so
groß, als eine kleine Haselnuß. ζ) Der
Lapis norriticus, Lenden- und Gries-
stein ist blau und grünlich, und immer etwas fett anzufühlen. Man meynte vor-
mals, daß er gegen Steinschmerzen gut
wäre. Er bricht, wie eine gebalte Faust.
Man hat daher Bilder und Schalen davon
geschnitten. Er wird im Pyrenäischen Ge-
bürde gefunden. Der beste kömt aus Asien.
Es gehet aber grosser Betrug damit vor,
da er wie Jaspis aussiehet. (b) Die durch-
sichtige Edelsteine sind zwar alle durchsichtig, aber nicht alle von gleicher Härte.
α) Der erste ist der Chalcedonier, der
röthlich und gelb ist. Wenn er weislich
ist, so wird er nicht für so kostbar gehalten.
β) Nach dem Chalcedonier kommen die
Granaten, die häufig, aber nicht groß,
gefunden werden. Sie haben den Namen
von der Aehnlichkeit mit einem Granatap-
fel. Je grösser sie sind, desto kostbarer
sind sie. Sie sind erstaunend hart, und
besonders die Orientalische. γ) Der Opal
wird auch Elementenstein genannt, weil

er

er blau, weiß, grün, und roth, nach den
vier Elementen hat. Er gleicht daher fast
einem Regenbogen. Er ist sehr durchsichtig,
aber auch sehr weich, und dem Granat
vorzuziehen. Er wird in Sachsen, Un=
garn, und Indien, gefunden. δ) Der To=
pas oder Chrysolit hat einen schönen Gold=
glanz. Er ist auch sehr hart, und die Al=
ten hielten viel davon. Die Italiäner hiel=
ten diesen Ost = Indianischen Stein sehr
hoch, und in die Crone des Königs
von Frankreich, Ludovici XV. wur=
den auch viele schöne Topas gesetzt. ε)
Der Amethist ist Violblau, verändert sich
aber sehr, wird blasser, und hält nicht ei=
nerley Farbe. ζ) Der Smaragd ist grün,
und hat einen schönen Glanz. Fält das
grüne ins gelbe, so heist er Chrysopras.
Aus Peru hat man die schönste gebracht,
aber nicht grösser, als eine Haselnuß. Er
gleicht an schwere fast dem Diamante. η)
Der Hyacinth ist gelblich, aber sehr leicht
aus einem von Bley gemachtem Glase nach=
zumachen; leidet aber alsdenn die Feilen
nicht. θ) Der Beril oder Aquamarin
ist Meergrün, und wird in Italien auf
dem Apenin gefunden. Er ist schwer zu
arbeiten. ι) Der Onyx hat daher den
Namen empfangen, weil er eine Farbe,
wie der Nagel eines Menschen hat. In

Q 3 Dres=

Dresden im grünen Gewölbe hat man einen Orientalischen Onyx, den man für den
schönsten hält, wofür der König August
48000. Rthlr. gegeben hat. Die Alten
haben ihn gern zu Opfergefässen gebraucht.
Hat er viel roth, so heist er Sardonyx.
Hat er Fleischfarbe, so sind es *Cumaei*,
daraus viele schöne Köpfe geschnitten sind.
x) Der Saphir hat einen unvergleichlichen
Glanz und blaue Farbe. Einige Juweli-
rer nehmen ihm die Farbe, und machen ihn
zum Diamant; er wird aber nie so rein.
Es läst sich aber dieses sonst bey keinem
Edelstein thun. λ) Der Rubin, welcher
Carmesinroth ist, wird, wenn er groß ist,
Carfunkel genannt; ist er weich, so heist
er Rubin Pallas. Er läst sich nicht in
Rosen und eckigt schleiffen. μ) Der zwölfte ist der König von allen Edelsteinen, der
Diamant. Er hat ein Feuer, das sonst
kein Edelstein hat. Er übertrift alle an der
Schwere und Härte. Sein Licht zeigt sich
besonders, wenn er dicke ist. Es ist ein
grosser Streit, ob ihn die Alten gekannt
haben. Die gewisseste Meynung ist,
daß sie ihn nicht gekannt haben. Er
wird in Ost-Indien gefunden, da er,
wie die Quarze, oder der Agat, in
Steinen wächst. Die Brasilianische, die
die Portugiesen mitbringen, sind nicht so
schön. Er ist in Medio ævo noch nicht
bekannt

bekannt gewesen. Es wird zwar gedacht,
daß in der Crone des Caroli Magni einer
sey. Nemlich der Herzog Ludwig in Bai-
ern und Marggraf von Brandenburg, als
er sie dem Kayser Carolo IIII. nach seines
Vaters Tode übergab, bemerkte, daß ein
grosser weisser Stein darin sey. Er ist
aber nicht mehr darin; aber wohl in der
Böhmischen, der eine Art von rohem Böh-
mischem Diamant ist. Er ist also erst durch
die Schiffart nach Ost-Indien bekannt geworden. Conf. *Tavernier* dans ses voyages. Der grosse Mogul, und der Grosherzog von Florenz, haben die gröste in der
Welt. Doch ist des Gros-Moguls seiner
heller. Der Florentinische aber gelblichter.
Der Florentinische wird auf 391. Karat
gerechnet. Der König August von Pohlen
hat einen von 191. Karat für 230000.
Rthlr. gekauft. Ein Engelländer, Petit,
hat den grösten gehabt, der 547. Gran
gewogen, den er für eine Million verkauf-
fen wolte. Der König von Pohlen both
800000. Rthlr. davor. Der Regent
kaufte ihn für eine Million, und ließ ihn
in die Crone setzen, und nachher ward er in
des Königs Ritterband gesetzt. Der Petit
hat allein vom abschleifen der Ecken für
2000. Rthlr. Staub gekriegt. Conf. *Jevrier* Tractat von den Diamanten, Londen 1750. welches ein unvergleichliches

schönes

ſchönes Buch iſt. Soll der Diamant
ſchön ausſehen, ſo muß er wie eine Roſe
geſchliffen, oder Brillianten an beyden
Seiten geſchliffen ſeyn. *Jevrier* ſtreitet für
die Roſen. Weil der Diamant ſo koſtbar
iſt, ſo trift man ihn geſchliffen nicht groß
an, wohl aber roh. *Cicero* hat recht ge-
ſagt: In Scopulis & Lapidibus reperit
quoque Natura, in quo delectaret, Lib.
2. de Natura deorum Cap. 3) Der hel-
leſte und härteſte Stein iſt unter andern
wohl der Cryſtall, der aber den Diamanten nicht beyzuſetzen iſt. Man findet ihn
gemeiniglich in länglich eckigten Stücken,
und ein rundes Stück wird für eine ungemeine Rarität gehalten. Man findet ihn
in Höhlen und Bergen, auch in Flüſſen.
Viele halten ihn für ein zuſammen geronne-
nes Eis. Allein man findet ihn nicht allein
im kalten Apenin, ſondern auch in dem
warmen Cypern und Egypten; und in den
kälteſten Nordländern wird er auch nicht
gefunden. Seine Koſtbarkeit beſtehet darin, wenn er ſo groß iſt, daß Gefäſſe daraus gemacht werden können. Er hat immer einerley Farbe. 4) Der Adlerſtein,
oder Æthides, gehöret auch unter die raren Steine, der nur ſo groß, als ein Hü-
ner-Ey, und hohl iſt, und noch einen andern Stein in ſich hat. Die Alten geben
vor,

vor, sie lägen nur in Adlers-Nestern. Es
ist aber falsch, und man findet ihn häufig.
Er klappert, und bestehet aus vielen übereinander gewachsenen Blättgen. 5) Der
Lapis Bononienfis, der nur um Bologna
an dem Berge Paterva, welcher ein Stück
des Apenins ist, wächst, ist auch sehr schön.
Er glänzet, wenn er nach der Calcination,
da man ihn zu Pulver gemacht hat, wo
hingehangen wird, bey Nacht als eine Koh-
le, und das auch im Wasser. Er behält
die Kraft nach der Calcination bis vier
Jahre. 6) Der *Lapis Olluris*, der im
Graubündter Lande bey Lavezzi gefunden
wird, läst sich vortreflich drechseln, und ist
schön zu Töpfen geschickt, und fält nicht
leicht entzwey. Man handelt eben nicht damit, da er schwer ist. 7) Die gebildete
Steine, Lapides figurati, heissen deswegen so, weil sie eine Aehnlichkeit mit anderen Geschöpfen haben. Man hält sie für
versteinerte andere Geschöpfe, und nennt sie
deswegen auch Lapides petrificatos. Man
findet davon grosse Cabinetter, und viele
lassen an allen Orten dergleichen sammlen.
Man hat sie in zwey Claffen getheilet, nemlich in Lapides figuratos *in fuperficie*; und
in Steine, deren ganzes *Corpus* eine besondere Figur vorstellet; und zwar entweder ex *Regno Animali*, oder *Vegetabili*;

Q 5 aus

aus jenem werden *Aquatiles* und *Terreſtres,*
aus dieſem Kräuter aufbehalten. Man
ſtreitet ſehr über ihren Urſprung. Einige
meynen, daß ſie von der Sündfluth herkä=
men. Andere behaupten eine Vim plaſti-
cam, die dieſes verurſache. Die erſtere ſa=
gen, es ſeyen wirkliche verſteinerte Cörper.
Die letztere hingegen meynen, es ſey ein
bloſſer Luſus Naturæ. Dieſe letztere Mey=
nung findet billig nicht mehr vielen Bey=
fall, da die figurirte Steine eine gar zu
groſſe Uebereinſtimmung haben. Es wäre
zu verkleinerlich von dem Schöpfer geſpro=
chen, wenn man ſagen wolte, er ſpiele mit
dergleichen Dingen; denn ihre Wirkung
in der Arzneykunſt iſt nur ein Gedicht. Die
Meynung, daß, da die Sündfluth den
Erdboden ſo aufgelöſet, daß alles in einen
Schlamm verwandelt worden, die Erde
ſich nachher durch die Winde geſetzt und ge=
trocknet, und die Cörper darauf verſtei=
nert worden, hat alſo die Oberhand be=
halten. *Herodotus* gedenket ſchon derſelben,
und ſie ſind nicht allein auf Bergen, ſon=
dern auch in den tiefſten Klüften, und ſelbſt
innerhalb den Felſen, anzutreffen. Dr.
Scheuchzer in Zürch hat ſie in ein ordent=
liches Syſtema gebracht, und die Mey=
nung ſchön behauptet, iſt auch noch nicht
wiederlegt worden. Unſer Herr Grätzel hat
von

von dem Dr. Rofini aus Münden ein vor-
trefliches Stein-Cabinet gekauft, der fie
mit groffer Mühe gefammlet hatte; dem
der Landgraf Carl, der alles in Caffel angelegt hat, 14000. Rthlr. wieder dafür
gebothen hat; und Herr Grätzel hat fie
nachher für 500. Rthlr. bekommen. Selbft
des Königs von Pohlen Augufti feines ift
nicht in fo vollkommener Ordre. Wir finden unter den Lapidibus figuratis fowohl
integra Corpora, als Partes Corporum.
(a) Aus dem *Regno Animali* hat fich α)
Von Menfchen bisher noch kein Stück
petrificirt gefunden, das man recht hätte
follen erkennen können; und was man gefunden hat, das ift mehr von groffen Thieren, als von Riefen. In den Bergwerken findet man freylich wohl einige Men-
fchen-Knochen, die mit einer Steinrinde
überzogen find; und auf dem Harz hat der
Herr zehenter Schlamm im Mineralien-
Cabinette eine Hirnfchädel mit Stein überzogen, und mit Erz ausgefüllet. β) Von
den **Thieren** findet man a) von *Terreftri-*
bus fehr vieles, und hat man befonders an
zwey Orten, nemlich zu Canftadt anno
1672. und zu Tonna, das nach Thürin-
gen gehöret, ein ganzes Elefanten-Gerip-
pe ausgegraben, wovon ganze Bücher gefchrieben find. In dem Cabinet des Herrn

Lyn-

Lynckers, Apotheckers zu Leipzig, das
nun zertheilet ist, war eine Tafel, darin
das Gerippe eines Krokodils abgedruckt
ist. Zu Schatzfeld hat man auch vom
Nasenhorn Knochen ausgegraben. Man
hat aber davon solche Knochen wohl zu unterscheiden, die man in grossen Höhlen findet, die nicht von der Sündfluth, sondern
von den reissenden Thieren, die andere ge-
fressen haben, herrühren. b) Von Vögeln findet man nichts, weil deren Structur zu zart gewesen, und sie also verzehret
worden sind. c) Die Wasserthiere sind
in der grösten Anzahl anzutreffen, so daß
man ganze Fische findet, davon auch die
Schuppen petrificiret sind. In Teutschland
werden sie im Mansfeldischen, da die Berge Kupferreich sind, und in der Grafschaft
Pappenheim, gefunden, die ganz mit einem Stein bedeckt sind, und wenn man
sie aufschlägt, so kan man sie deutlich erkennen. Man findet von Fi-
schen auch *Glossopetras* oder Steinzungen,
welches nicht Natterzungen, sondern Zähne vom Canis Carcharius, einem Seefi-
sche sind. Die Krebse sind am seltensten
anzutreffen, sowohl See- als Fluß-Krebse.
Die versteinerte Muscheln sind sehr häufig
anzutreffen, und übertreffen in der Anzahl
fast die ächten Muscheln. Man theilet die
Conchilia in *Univalvia* und *Bivalvia* ein,
und

und diese sind gemeiniglich mit Sand angefüllet. Sie sind oft so hart, daß man
Feuer aus ihnen schlagen kan. Sie werden ferner in *Dentatas*, *Turbinatas*, und
andere vielfältige Sorten, abgetheilet, und
haben sie alle die Farbe verlohren. Die
Echini marini oder Meer - Igel-Schne-
cken, die oft als Aepfel aussehen, und davon die Radioli apart gefunden werden,
die einige Lapides Judaicos nennen, sind
auch sehr rar. Es findet sich auch eine Art
von Muscheln, die ihrer Grösse wegen
nicht aus dem Wasser hervorkommen, sie
heissen *Cornua Ammonis* oder Widder-
Hörner, und sind sehr krumm geworden.
Bey den Muschel-Steinen sind alle nur er-
sinnliche grössen anzutreffen, und man muß
oft ihre Structur mit einem Microscopio
untersuchen. Viele haben in superficie
oft Eindrücke von verschiedenen Blättern,
und manchmal liegt auch Goldkies darauf. Das wunderbarste ist aber bey vielen
von denselben, daß sie auch inwendig die
Structur der Muscheln behalten haben.
Oft sind sie aber auch in einem Steine verborgen, und müssen erst aus diesen Matri-
cibus heraus geschlagen werden. Man
glaubt, daß sie bey der Sündfluth mit dieser steinernen Materie umgeben worden sind.
Solche petrificirte Muschel - Steine finden
sich

sich in allen Ländern zu vielen tausenden.
Doch haben ganze Länder ganz besondere
Sorten. Es ist also ein grosser Vorzug
eines Cabinets, wenn man Muscheln von
ordentlicher Grösse, ganz kleine, junge,
und einige von ausserordentlicher Grösse
hat. (b) Das *Regnum vegetabile* zeigt sich
auch in verschiedenen Arten von Steinen.
Man hat versteinertes Holz, und besonders
von Erlen, darauf man in Venedig die
Häuser erbauet hat. Eichen- und Birn-
baum-Holz ist auch sehr geschickt zur Ver-
steinerung, und behält auch oft seine Farben. Von Früchten der Bäume, die
versteinert sind, hat sich nichts, als *Nux
Pinea*, gefunden. Man trift auch versteinerte Kräuter an, oder eigentlich Eindrücke davon in Steinen. Hier im Lande
findet man auch ganze *Spicas* fossiles, und
besonders um Gandersheim; und in der
Abtey ist einer, dafür die Rußische Kay-
serin 100. Rubeln gebothen hat. *Rosinus*
hat davon geschrieben.- Man findet auch
viele versteinerte Blätter. Man findet auch
kleine Dendrites, da Bäume aufgetragen
sind. Man findet unter den versteinerten
Sachen auch, welches sehr zu verwundern
ist, alle Arten von Schwämmen mit den
Stengeln. Conf. *Scheuchzeri* Herbarium
diluvianum. Man hat überhaupt von

Lapi-

Lapidibus figuratis des Caroli Nicolai
Langii, D. in Lucern, Hiſtoriam Lapidum Figuratorum Helvetiorum, Vé-
netiis 1708. 4to. welche er ſchrieb, da ihm
der Kayſerliche Geſandte in der Schweitz,
der Graf von Trautmannsdorf, ſein Cabinet anvertrauete. Der *Scheuchzer* hat aber
den Grund dazu gelegt, beſonders durch
die Quærelas & Vindicias Piſcium.
Conf. *Büttneri* Rudera Diluvii Teſtes.
Georgii *Altmanni* Hiſtoria critica de
Teſſeris Badæ Helvetiorum repertis,
1751. von verſteinerten Würfeln, die daſelbſt gefunden ſind worden; darunter auch
noch einige ganz knöcherne mit waren. Man
hat ſie aber viel nachgemacht, und zeigt ſie
oft. Anno 1728. war in Würzburg ein
Profeſſor Medicinæ, der ein Naturalien-
Cabinet ſammlete, der ſich von allen Stein-
Arbeitern ausbedunge, daß ſie alles, was
ſie beſonders fünden, ihm zubringen ſolten.
Der berühmte Hiſtoricus *Eccard*, der von
Hannover dahin gieng, und catholiſch
ward, ließ die Steinmetzer, Spinnewe-
ben, Sterne, und Inſecten, in ipſo Coi-
tu ſchlagen, und ihm hinbringen, welches
er in Kupfer ſtechen ließ, und heraus gab.
Der Mann ſtarb darüber, und die Steinmetzer wurden auf Biſchöflichen Befehl in
die Karren geſchmiedet. Die rechten petri-
ficirten

sicrten Muscheln kan niemand nachmachen,
und gehet darin der wenigste Betrug vor.
An einigen Orten sitzt noch die rechte Muschel unter dem Steine, und ist nicht versteinert,

CAP. VI.

Von Kunst-Kammern.

Man nennet gemeiniglich einen Misch-
masch von Sachen aus dem Reiche
der Natur und der Kunst eine Kunst-Kammer. Eine rechte Kunst-Kammer ist eigentlich eine Sammlung von Dingen, die
der Mensch durch erstaunenden Fleiß und
Nachahmung der Natur hervorgebracht
hat. Es müssen Dinge seyn, die einen
grossen Verstand und erstaunenden Fleiß
anzeigen. Die Kunst und die Natur müssen daselbst besonders von einander unterschieden werden. Die Kunst-Kammern
sind spät angelegt worden, und zwar zuerst von dem Hause Medices zu Florenz,
das durch die Handlung einen grossen
Reichthum erlanget, und alle Künstler ungemein belohnet hat, wenn sie ihnen nur
was besonders hervor bringen konnten.

Cos-

Cosmus Medices hob sie zuerst auf, um andere Leute aufzumuntern, es nachzumachen, und, wo möglich, zu verbessern. Man findet von anno 1570. schon Nachricht davon. Hernach haben andere Prinzen alles künstliche aufbewahret, und die Sammlung davon eine Kunstkammer genannt. Der andere grosse Herr, der dergleichen gesammlet hat, ist der Churfürst von Sachsen, Augustus, der von anno 1543. bis 1584. regierte, und einer der glückseligsten Herren war, der nach dem Schmalkaldischen Frieden die Künste sehr erhoben, und die unvergleichliche Kunstkammer zu Dresden angelegt hat. GOtt segnete diesen Churfürsten mit reichen Bergwerken, und da er ein vortreflicher Hauswirth war; so konte er es wohl ausführen. Er ward nicht gar alt, füllete aber doch fünf Säle damit an. Der König Augustus II. von Pohlen hat es sehr getrennet, und es ist nur wenig davon übrig geblieben, aber in bessere Ordnung gebracht worden. Der dritte grosse Herr, der Gelegenheit zu Errichtung der Kunstkammern gegeben hat, ist der Herzog Friedrich von Hollstein Gottorp gewesen, ein Herr von grossem Unternehmen, der den ganzen dreyßigjährigen Krieg hat aushalten müssen, ob er gleich neutral seyn wolte, und von Dännemark würde verschlungen worden seyn,

R   wenn

wenn er sich nicht unter Schwedischen
Schutz begeben 'hätte. Er hat anno 1616.
die unvergleichliche Gottorpische Kunstkammer angelegt, die *Olearius* beschrieben hat,
und stellete deswegen eine besondere Gesand-
schaft nach Persien an. Man muß sich
wundern, daß er noch so viel darauf hat
verwenden können.

In den Kunstkammern findet man (I.)
Instrumente der Künstler. Der Churfürst August von Sachsen, der sehr gelehrt
war, sammlete alle Instrumente der Künstler in gewissen Schränken. Instrumente
von Uhrmachern, die noch nicht sehr excolirt
waren; Instrumente von Goldschmieden,
Juwelierern, Drechselern, Tischlern, be-
wahrete er auf; er hatte auch alle Instrumenta chirurgica gesammlet. Und nach
seinem Exempel geschahe es, daß in allen
grossen Städten die Stadt-Canzley dergleichen ad Usum publicum anschaffen muste. Dieses hat der König in Frankreich
nachgemacht, da auf dem Louvre in einem
Saal alle Instrumente aufgehoben werden.
(II.) Die Modelle von berühmten Gebäuden, Kirchen, Pallästen, Schifmühlen,
und dergleichen, sind gewiß sehr kostbar. Zu
Paris ist auf dem Louvre ein Saal mit
Modellen von allen Festungen, die Ludovicus

vicus XIII. am Rhein, und in den Niederlanden, angelegt hat, und die Seehäfen,
die in Frankreich sind. Man hat alte und
neue, und nach dem verjüngten Maasstabe. Der König August von Pohlen hat
das Model des Tempels des Salomo, das
zu Hamburg in der Opera vom Tito Ves-
pasiano aufgestellet worden, für 6000.
Rthlr. gekauft, und zu Dresden in einen
Saal gesetzt. Zu Cassel hat der Landgraf
dazu das Modelhaus gewidmet, darin er
die Modelle von seinen/grossen Gebäuden
setzen lassen. Dahin gehören auch Modelle
von besonderer Invention, z. E. von Thü-
ren mit zwey Schlössern, von künstlichen
Oefen, die zur Ersparung des Holzes dienen. (III.) Künstliche aus Elfenbein,
Nasenhorn, Strausseieren, Kokusnüs-
sen, Speckstein, geschnittene Sachen.
In Cassel findet man schöne Stücke von
Strausseneiern. Ein Künstler muß jährlich nur zwey liefern, die gar schön sind,
und besonders eins mit den vier Elementen
Das Elfenbein wird leicht gelb und verun-
zieret die Bilder. Es hat sich aber ein
Künstler gefunden, der das Elfenbein rein
macht. Er bedeckt das gelbe Elfenbein mit
einem feuchten Tuch, und räuchert es mit
Schwefel. Es hält aber nicht beständig.
(IIII.) Künstliche Sachen, die von Kö-

R 2   nigen

nigen und Fürsten selbst gemacht sind.
Man hat ganze Bücher de Principe doc-
to.   Man hat aber doch noch keine Differtation de Principe artifice geschrieben.
Wir finden es oft in der Historie, daß
grosse Herren, Könige und Fürsten besondere Künste geliebet, vieles gemacht, und
einander geschenkt haben.   In dreyen Künsten haben sich besonders grosse Herren her-
borgethan, nemlich in der Mahlerey, in
der Drechslerkunst, und im Glasschleiffen.
Von Mahlereyen hat man gezeichnete, und
auch mit Farben gemahlte Bilder.   In
der Drechslerkunst haben sie oft erstaunend
excolliret.   Zu unsern Zeiten hat der Kayser
Leopold darin excelliret, der die Drechsler
mit besondern Privilegien begabte; auch der
Grosvatter des jetzigen Churfürsten in Bay-
ern; und der Zaar Peter, der viele Stücke nach Cassel an den Landgrafen Carl, der
auch sehr darin excellirte, verschenkt hat;
der Landgraf hat noch eine schöne Kammer
davon in Cassel hinterlassen, die gleich unter dem Thor ist, darin er nach der Mahl-
zeit zu drechslen pflegte.   Das Glasschleifen
ist auch eine besondere Kunst grosser Herren,
da sie besonders Microscopia, und andere
Kunstgläser geschliffen haben. (V.) Mei-
sterstücke von Handwerkern. Der Churfürst August hat zu Osterwyck eine grosse
Kam-

Kammer davon ausgerüstet, und immer dabey legen lassen, was daran gelobt worden. Vieles wird aber noch nach der alten Mode gemacht. Dergleichen gehören eigentlich in Kunstkammern. (VI.) Muſicaliſche Inſtrumente. In Caſſel iſt ein beſonderes Zimmer dazu gewidmet, und der Landgraf Carl hat alle alte Inſtrumenta nachmachen laſſen, darunter beſonders ein Monochordion von einer Saite merkwürdig iſt. Athanaſius *Kircher* hat in ſeiner Muſurgia alle dergleichen Inſtrumenta geſammlet und beſchrieben. Der Landgraf in Caſſel hat darnach ein Katzen Clavier gemacht, da 14. Katzen von beſonderen Gröſſen in einen Kaſten, jede beſonders, eingeſperret werden, deren Schwänze herausgeſteckt werden, darin man immer mit den Tangenten mit Nägeln ſticht, daß ſie beſondere Töne im Geſchrey geben. (VII.) Künſtliche Frauenzimmer-Arbeit. Dergleichen findet man von ſticken, wirken, flechten, weben, ſowohl von alten, als neuen. Vom Weben findet man oft ganze zuſammen gewebte Kleider, wie von Chriſti Kleide erzehlet wird. (VIII.) Subtile Schrift. Dieſe findet man ſo fein, daß man ſie kaum leſen kan. Es werden Rabefedern dazu genommen. Man hat ſich befliſſen, aus ſolchen Dingen ganze Figuren

K 3   zu

zu machen, z. E. Crucifixe, und andere
Sachen. In Nürnberg ist ein Mann von
79. Jahren gewesen, der in den Raum ei=
nes kleinen Silberpfennings das ganze Va=
ter Unser deutlich geschrieben hat. (VIIII.)
Sachen von elenden und gebrechlichen
Leuten. Ein berühmter Mann aus Schwa=
den, Schweicker, der ganz ohne Arme war,
hat mit den Füssen die schönsten Schriften
gemacht. Man findet auch davon Gemähl=
de. (X.) Optische Sachen. Es gehören
dahin erst die Perspective und Tubi.
Man zweifelt sehr, ob die Alten etwas da=
von gewust haben. *Ptolomæus* wird vor=
gestellet mit einer Röhre in der Hand, da=
durch er die Sterne beschauet. Von dem
Gerberto, der unter dem Namen Silvestri
VI. bekannt gewesen, schreibet *Dithmarus*:
Gerbertus consideravit Stellas per Fistu-
lam; es ist also nur eine Röhre ohne Glä=
ser gewesen. Vor den Haupt-Erfinder wird
von dem Petro *Borello* de vero Telesco-
pii inventore der Thomas *Jansen*, ein
geschickter Brillenmacher zu Middelburg,
gehalten, der durch ungefähre Zusammen=
haltung eines Concaven= und Convexen=
Glases auf diese Erfindung gerathen. Die
Brille sind schon zu *Senecæ* Zeiten bekannt
gewesen. Anno 1619. hat sie der Johann
Lipperhay zu Middelburg excolliret. Die

Tubos

Tubos terrestres mit vier Gläsern hat Antonius Maria de *Reyda*, ein Capuziner erfunden, die hernach von andern immer mehr und mehr verbessert, und mit geschickten Gestellen versehen worden sind, und hieß es dabey: Inventis facile aliquid addere. Dahin gehören auch die *Tubi binoculi*, die Johann Franz *Gründler*, ein Mathematicus zu Nürnberg, anno 1652. erfunden hat, die dazu dienen sollen, daß ein Auge nicht zu sehr ermüdet werden mögte. Man zeiget auch *Helioscopia*, die aus grünen und blauen Gläsern bestehen, die Christoph *Scheiner*, ein Professor zu Ingolstadt, erfunden hat. *Hevelius* hat eine andere Gattung ausgedacht, die er in den Prolegomenis ad Helenographiam beschreibet. Robertus *Hœck* hat anno 1672. die gebräuchlichste Art erfunden. Man zeiget auch *Polemoscopia*, die *Hevelius* erfunden hat, die durch eine Reflexion repräsentiren; *Hugenius* hat sie verbessert, und *Newton* vollkommen gemacht, mit einem Stälernen Spiegel. Man zeigt auch verschiedene *Laternas magicas*, da man durch Convex-Gläser schöne Bilder präsentiret. Den Erfinder davon weiß man nicht. Es ist gewiß, daß der berühmte Jesuit *Schottus*, da er seine Magiam Naturæ & Artis geschrieben, sie nicht würde vorbey gegangen

R 4   gangen

gegangen haben, wenn er sie gekannt hätte.
Des *Chales* in seinem Mundo mathema-
tico Tom. 2. p. 656. gedenket derselben
zuerst, und sagt, daß sie ihm anno 1566.
ein durch Lyon reisender Däne zuerst gezeigt
habe. Nachher sind sie besonders von *Zahn*
in Oculo Artificiali sehr verbessert worden.
Zuletzt hat sie *Ebrenberger* in Jena verbessert, der die Bilder beweglich gemacht hat.
Man hat dabey erst den Verlust vom Glas-
mahlen bedauren gelernet, und geschiehet
es nun nur mit Saft und Wasserfarben,
da die Oelfarben nicht durchsichtig sind.
So unbekannt auch der Erfinder der Later-
næ magicæ ist, so weiset man doch deutlich
die Modelle und Erfindung der *Cameræ
obscuræ* vom *Reinhold* zu Wittenberg, die
er bey einer Sonnenfinsternis, die anno
1545. vorfiel, erfand. Johannes *Porta* hat
sie in Magia naturali verbessert, und unter
den neuern *Zahn*, *Newton*, und viele
andere, die den Nutzen derselben im Ab-
zeichnen gezeiget haben. Man setzt diesen
auch die *Prismata*, dreyeckigte Gläser, bey,
die den Ursprung der Farben sehr schön erläutern. Sie sind sehr alt, und *Schvven-
ter* hat schon in seinen mathematischen Er-
quickstunden davon geredet. Man zeiget
auch *Polyedra*, die auf einer Seite platt,
und.

und auf der andern vieleckigt sind. Es gehören dahin auch die Spiegel, die von verschiedener Art, Materie, Grösse, und Arbeit, sind. Je grösser die Spiegel sind, desto kostbarer sind sie, wegen des Schleifens, und der dahinter gelegten Folio aus Quecksilber, das nicht wohl figiret werden kan, und gleich einen Ritz macht. Die Venetianer zu Murano excelliren darin: Sie können sie freylich nicht so gros, als zu Paris und Potsdam, machen, sie sind aber sehr accurat. Man hat Convexe, Concave, Zilindrische, und Konische Spiegel. Besonders braucht man Specula concava und conica zu Verirspiegeln, die das Gesichte sehr verstellen. Vor allen gehören dahin die Brennspiegel, darin es zu unsern Zeiten ein Schlesischer Edelmann, Edelfrid Walther *von Tschirnhausen* sehr hoch gebracht, der einen erstaunenden Spiegel erfunden hat. Er hat nur viere gemacht, deren einen der Landgraf von Hessen Cassel, einen der Kayser Leopold, einen der König von Frankreich, und einen der König August von Pohlen, bekommen hat. Er verbrennt auch Edelsteine zu Asche, und verwandelt die Asche geschwind in Glas. Man kan in einigen Minuten einen Hund verbrennen, und die Asche in Glas verwandeln. *Nevv-*

ton

ton hat sieben hohle Spiegel zusammen gesetzt, mit erstaunender Wirkung, der zu
Caffel ist. *Viblette* hat auch einen erfunden, der auch zu Caffel stehet. Die Alten
haben es aus dem *Cece*, einem Griechischen
Schriftsteller, erlernet, weil *Archimedes*
die Römische Flotte extra Belli jactum unter dem Marcello damit verbrannt hat,
über dessen Möglichkeit viel gestritten wird;
es ist aber wohl mit Concavspiegeln geschehen. Man pflegt diesen Instrumenten noch
ein Kunst-Auge beyzufügen. Zu Nürnberg war ein Kunstdrechsler, Stephan
Zick, der ein menschliches Auge mit allen
seinen Tunicis und Hümoribus abdrechsel-
te, und davon anno 1706. eine Beschrei-
bung herausgab; und ist es zu Paris und
Londen verbessert worden. Er wolte das
Ohr auch nachmachen, ward aber blind,
und starb anno 1715. (XI.) Sprach-
Röhre. Diese werden auch Tubæ stento-
riæ, und Trompetes parlantes genennet.
Die Engelländer geben ihren *Morlandus*
für den Erfinder derselben aus. Die Italiäner behaupten aber mit mehrerem Rechte, daß sie Kircherns erfunden habe. Man
hat gefunden, daß das Auge ein schärferes
Organum Sensorium sey, als das Ohr,
da man Flecken in der Sonn und Mond
ent-

entbeckt, und hat daher auf solche Sprachröh-
re gedacht. Man hat sie auch zu Tubis
acusticis gebraucht, für Leute, die nicht
wohl hören können, und sie sehr gekrümmt
gemacht. Ein Sprach-Rohr ist aber nütz-
licher. (XII.) Uhren oder *Horologia*. Dergleichen hat man in Cassel im Kunsthause
sehr viel. Man hat astronomische Uhren,
da man die Stunden und den Lauf der Ge-
stirne bestimmet, die der *Hugenius* anno
1650. in die gröste Vollkommenheit gebracht hat, der die Pendul erfunden hat.
Die Engelländer haben anno 1673. den
Hacken daran erfunden. Man hat sich
auch bemühet, kleine Sack-Uhren zu machen. Sie sind anno 1600. von einem Uhr-
macher aus Nürnberg, Peter Häle, in
Gestalt eines Eyes erfunden worden. Conf.
Cochlæus in Commentario ad Pomponii
Melæ descriptionem Orbis. Er hat sie
von 40. Stunden erfunden. Der berühmte *Rabelais* in seinem Pandagroe nennet sie
ein Nürnbergisches Eierlein. Man hat
diese Kunst immer höher gebracht. Die Engelländer und Franzosen haben vieles zu ihrer Vollkommenheit beygetragen. Man hat
sie auch so klein als ein Ring, da an statt
eines Steins ein Zeiger ist, und der Sta-
chel sticht einem so viel die Glocke ist, auf
den Finger. In der Waimarischen und
Cassel-

Caſſelſchen Kunſtkammer ſind ſie. Man hat
die Uhren bey vielen anderen beweglichen
Figuren angebracht. (XIII.) Beſondere
Glasarbeiten. Davon hat man z. E. alte Trinkgeſchirre von ungeheurer Gröſſe. In
Nürnberg auf der Bibliotheck wird D. Luthers Glas gezeiget, welches er dem D.
Jonas geſchenkt hat, dabey ſtehet: Dat
vitreum vitreo Jonæ vitrum ipſe Luthe-
rus; Vt vitro fragili ſimilem ſe noſcat
uterque. Es gehören dahin künſtlich ge-
ſchnittene Gläſer, welche Kunſt faſt verlohren geweſen. *Plinius* Lib. 26. ſagt, daß
die Alten ſchon ſolche gehabt hätten. Wir
haben davon aber nichts mehr. Die erſte
Art Glas zu ſchleifen, war mit einem ſpi-
tzen Diamanten, und *Matthefius* ſagt in
ſeiner Berg-Poſtille, daß er dergleichen viele geſehen. Das Glasſchneiden iſt aber
eine Art vom ſubtilen drechſlen, welches anno 1609. erfunden worden von Caſpar Leh-
mann, des Kaysers Rudolphi II. Hof-
glaſern, der ihm auch ein Privilegium darüber gab. Conf. *Sandrads* Mahler-Academie. Von ihm lernete es ein Nürnber-
ger, Georg Schwanhard, der an allen
Höfen für alle groſſe Herren Gläſer ſchnitte,
und anno 1565. ſtarb. Sein Sohn Hen-
rich Schwanhard hat den Vater faſt übertroffen, der erhabene Figuren ins Glas ge-
ſchnit-

schnitten hat. Sölche Gläser werden oft
für 200. Rthlr. bezahlet. Es stehet nur G.
S. oder H. S. darauf. Er erfand noch eine
Art, das Glas mit Scheidewasser zu ätzen,
darauf zu schreiben, und in die Fenster zu
setzen, welche Kunst fast verlohren gegangen
ist. Das Glasblasen von subtiler Arbeit
durch eine Kupferröhre über einer Lampe
hat in der Physica experimentali grossen
Nutzen geschaft. Ein Venetianischer Künstler, Abraham *Vino*, hatte jemanden getödet, flohe nach den Niederlanden, und
kam nach Nürnberg, da er diese Kunst bekannt machte. Michael Sigmund Hack
hat es von ihm gelernet, der anno 1567.
nach Engliand gieng. (XIIII.) Künstlich
gefaste Magnete. Die Fassung derselben ist der menschlichen Kunst zuzuschreiben.
Man hat gelernet, einen kleinen Magnet
durch die Fassung weit stärker zu machen.
Ein Magnet von 4. Unzen ziehet 54. Unzen.
Zu Cassel hat ein Magnet von einem Loth
16. Pfund gezogen, und eine Magnet-Na-
del 14. Fuß herum beweget. Die Holländer und Engelländer excelliren besonders darin, und vornehmlich die Societät der
Wissenschaften zu Londen. Durch Hülfe
der versteckten Magnete hat man viele künstlich ausgearbeitete Sachen anzüglich gemacht. (XV.) Subtile Drat = Arbeit.

Durch

Durch einen Drat verstehe ich einen dünnen
Faden aus Metal gezogen. Das Dratziehen ist den Alten ganz unbekannt gewesen.
Alte Kleider, die vor dem 15. Sæculo gemacht sind, haben zwar was gewirktes von
Gold und Silber; aber nicht auf seidenen
Fäden, sondern man hat das Gold und
Silber aus dünnen Goldblechen geschnitten,
wie z. E. an dem Mantel des Römischen
Kaysers. Das Dratziehen ist anno 1400.
vom Rudolpho zu Nürnberg erfunden worden. Conf. Conradus *Celtes* de Norimberga. *Wagenseil* in Commentario de
Norimberga. Die Erfindung ist gar er-
staunlich, da nemlich aus Silber, Kupfer,
Eisen, ein Faden gezogen wird. Der Faden hat die accurateste Rundung, und ist
immer gleich dick. Man siehet in Kunstkammern bloß langgezogenen Drat, und auch
künstlich daraus verfertigte Stücke. Der
Drat wird so gemacht. Man nimmt eine
Stange z. E. feinen Silbers, die rund ist.
Französisch heist es linchot. Diese Stange ist 22. Zölle lang, und wird auch durch
verschiedene Löcher gesteckt, und kömt immer in ein engeres Loch, und wird endlich
so dünn, daß man sie kaum sehen kan. Man
hat aus solcher Stange einen Drat von
1163523. Ellen gezogen, der 48. Meilen,
jede zu 4000. Fuß gerechnet, lang ist. Solche

Solche Stange Silber verguldet man mit
12. Loth Gold, daß es sehr stark hält, und
alsdann drehet sich das Gold wunderbar
mit der Stangen aus, und die Verguldung
bleibt immer gleich, und man kan es im
Scheidewasser vom Silber separiren, welches das Silber verzehret. Zu Lyon und
Nürnberg kan man es sehr schön betrachten. Conf. l'Histoire de l'Academie des
sciences de Paris anno 1713. da erzehlet
wird, daß man dem Herzogen von Berry
und Orleans zu Lyon einen Drat von
1096704. Fuß gezogen habe. Der Drat-
zieher muß sich aber dabey sehr in Acht nehmen, daß er nicht einmal zerbricht. Ein
Dratzug von Meßing und Eisen ist bey
Goslar an der Ocker zu sehen. Die Sil-
berdratzieherkunst heißt filagran Arbeit. Man
macht davon Schachteln, Gefässe, und
vielerley Zierrathen, und dieses alles wird
theurer bezahlet, als Silbergeschirr selbst.
(XVI.) Zierliche Wachsarbeit. Man
stellet ganze Bilder und Landschaften in
Wachs vor, die höchstens anderthalb Ellen lang, und eine halbe Elle breit sind.
Die Grube ist gemacht von Schiefer. Man
hat weisses und buntes Wachs. Das bun-
te zerspringt in der Kälte. Man kan in
dem Wachse die größte Zärtlichkeit beobachten. Unter die Künstler gehöret ein Si-
cilianer

cilianer Caietano Julio Zummo, der faſt
nur vor den Pabſt, und den Grosherzog
von Florenz gearbeitet, und beſonders die
menſchliche Verweſung auf verſchiedenen
Tafeln in der Grosherzoglich Florentini-
ſchen Kunſtkammer ſehr ſchön abgebildet
hat. Er hat auch eine Spinne mit ihrem
Gewebe ſehr zart abgebildet. Der Nürn-
berger Abraham Trentwer hat in der Dres-
denſchen und Gothiſchen Kunſtkammer vieles gemacht. Der neueſte iſt Johann Chri-
ſtian Neuberg nebſt ſeiner Tochter zu Regenſpurg. (XVII.) Drechslerarbeit. Davon hat man ſo ſchöne Stücke, daß man
ſich nicht genug darüber verwundern kan.
Der letzte groſſe teutſche Künſtler iſt Johann
Martin Tauber in Regenſpurg, der in einen mäßigen Becher 50. andere Becher gedrechſelt, die mit einander 30. Quartier
faſſen, und in einander geſteckt den Becher
füllen. Die Drechsler haben ſich auch in
Minutiſſimis geübet, die man kaum ſehen
kan. So haben ſie z. E. vom weiſſen Pfef-
ferkorn einen Becher mit 50. kleinen Schüſ-
ſelgen gemacht. Sie haben von Kirſchker-
nen viele gedrechſelt. In Nürnberg iſt ein
kleiner Ziegenbock mit einem Schneider,
dahinter 50. Schneider mit Ziegenböcken
ſind, ein Glied lange für einen Gulden.
(XVIII.)

(XVIII.) Chymisches Gold, oder in Gold verwandeltes Metal. Man hat von alten Zeiten her geglaubt, daß es eine Transmutatio Metallorum gäbe, und man hat sich um das Goldmachen am meisten bemühet. Conf. Olaus *Borichius* und Hermannus *Conringius* de Medicina & Arte chymica Ægyptiorum. *Borichius* glaubet, die Kunst sey den Egyptern bekannt gewesen. *Conring* läugnet es. In den mittleren Zeiten hat man auch davon gehandelt. Sal, Sulphur, und Mercurius, sind die drey Principia. Die Chymici haben die Kunst unter Bildern und Räzeln vorgestellet. Die Kunst ist auch heut zu Tage sehr getrieben worden, und man findet in Kunstkammern vieles davon. Ein Medicus zu Cassel Thurnauser hat halb Gold und halb Eisen hervorgebracht, welches aber wohl ein Betrug mit löten ist. Wenceslaus Reinsperger hat bey dem Kayser Rudolpho II. seine divinam Metamorphosin exerciren wollen. Der Churpfälzische Oberjägermeister, Baron Pfenniger, hat auf sein Gold gesetzet: Aurea progenies Plumbo prognata parente. Es sind aber lauter Betrügereyen. Das Geheimnis heißt Lapis Philosophorum, und *Owenus* sagt, sie könten dilapidare Pecuniam. Diejenige, die die Kunst,

S   Gold

Gold zu machen, erlernet haben, heiſſen Adepti. (XVIIII.) Robertsmetal. Dieſes, ſo in Engelland erfunden, pflegt man dem chymiſchen Golde beyzuſetzen. Nemlich, als der unglückliche Churfürſt Fridericus V. der des Königs in Engelland Jacobi Tochter Eliſabeth geheyrathet hatte, verjagt wurde, ſo kamen ſeine Kinder nach Engelland, und Prinz Robert, ſein Sohn offerirte jemanden ein Metal, welches Prinzmetal und Tomback genannt wurde, das er gemacht hatte. Dabey legt man auch Bilder von gegoſſenene Stahl, die ſehr ſchwer zu gieſſen ſind, die in Engelland Robert *Boyle* von anno 1695. bis 1725. gezeiget. Er hat ſich Modelle von berühmten Künſtlern ſchneiden, und mit Stahl fein ausgieſſen laſſen, welche Bilder vortreflich gerathen ſind. (XX.) Kleider. In Kunſtcabinettern hat man auch oft an fürſtlichen Höfen eine Kleiderkammer, darin alte Trachten von Teutſchen und andern Europäiſchen Völkern aufbehalten werden. In Dresden iſt eine ſchöne und koſtbare Sammlung. Man behält aber beſonders Kleider von auswärtigen Nationen auf, auch Kleider von merkwürdigen Perſonen, als von Heiligen, darin ſie entleibt ſind, von Helden, u. ſ. w. auch Cingula Veneris, die

die

die epferfüchtige Italiäner ihren Weibern
anlegen. (XXI.) Kriegsstücke. Man findet bey Kunstkammern auch wohl Rüstkam-
mern von kleinen Kriegsstücken. Man hebt
rare alte Gewehre auf von besonderer Grösse und Figur; Rüstungen von fremden Nationen, da die Lapländer, die kein Eisen haben, Spiese mit Fischgraten brauchen.
Man zeigt auch allerhand neue Iuventiones
von Kriegsrüstungen und Spieß-Gewehren.
Man hebt auch Waffen von grossen Kriegs-
Helden auf. Die Rüstkammer, die der
Herzog Ferdinand von Oesterreich, ein
Bruder des Kaysers Maximiliani I. angelegt hat, ist die gröste und kostbarste gewesen, die noch zu Ombras bey Insprug gezeigt wird. Er hat in einer grossen Gallerie das Bild des Generals Hauen, und ihm
die Waffen, die er von ihm gehabt, anlegen lassen. Sein Secretarius *Schwenck*
hat sie beschreiben müssen in Folio und 4to.
Davon jene sehr rar ist, diese aber habe ich
wieder auflegen lassen. Es sind 125. Kupfer darin. Das Schwerd des grossen Königs Gustavi Adolphi, das er in der
Schlacht bey Lützen geführet hat, ist rar,
und Herr *Wallin* in Schweden, und Herr
Glafey in Dresden, haben es beschrieben.
Es stehet darauf: Inter Arma silent Leges,

und

und: Sincere & conſtanter. Es iſt aber wirklich nur erdichtet, was *Puffendorff*, und andere, ausdrücklich ſchreiben, daß er na- ckend auf der Wahlſtatt gef... ſen, und die Characteres, die darauf ſtehen, auch von ihm nicht kommen können. Die Hel- leparte, womit Wallenſtein ermordet wor- den iſt, wird betrieglicher Weiſe an dreyen Orten gezeiget. Es werden auch die Schwerder, womit berühmte Perſonen ſind enthauptet worden, gezeiget, und die ſind ſehr merkwürdig, wenn man ſie nur allezeit mit Gewißheit dafür annehmen könte. (XXII.) Porcellain. Dieſes zeigte man vormahls auch in Kunſtkammern. Nun aber hat man damit ganze Cabinetter und Gallerien ausgezieret, und man findet es beſonders auch bey vornehmen Kaufleuten in Holland; auch ſonſt bey vielen vorneh- men Herren. Das Wort, und das Ge- fäſſe ſelbſt iſt den Europdern erſt durch die Portugieſiſche Handlung, zu Ausgang des fünfzehenten Sæculi, über die Linie, be- kannt geworden. Die Alten haben davon nichts gewuſt, ſondern nur die vaſa Lem- nia, Samia, und Argentina gehdbt. Man verſtehet durch Pocellain ein aus Erde ge- machtes Gefäß, das nicht zerſpringet, und doch in gehöriger Dicke durchſichtig bleibet.

Der

Der Name ift Portugiefifch. Die Chine-
fer und Japonefer haben es gemacht. Vor
200. Jahren hat man noch nicht gewuft,
wo es gemacht würde.   Vid. Guido *Pan-*
cirollus de Rebus mirabilibus tam De-
perditis quam recens Factis. *Salmuth* in
Commentario ad *Pancirolli* Librum lau-
datum.   Pere *le Conte* in den Reifen nach
China.   Pere *le Honte* und *Kæmpfer* in der
Befchreibung von Japan.   Man hat bey
dem Porcellain zu fehen auf die Materie;
auf die Kunft, wie es verfertiget ift; wie
es gemahlet ift; und wie es gebrannt wird.
Die Materie ift zweyerley: eine Art von
hartem Steine, der dem Kiefel gleicht, Bedunfe in China; und etwas Chinefifche Erde, Koalim.   Der Bedunfe ift ein harter
Felfen, der mit eifernen Hämmern abge-
fchlagen, und im Mörfer zum feinften Pulver geftoffen wird.   Man kan ihn nicht ins
Feuer legen, und zu Kalk brennen, denn
da verlieret er feine Kraft.   Koalim ift eine
fette Erde aus China und Japan, die man
zufetzt.   Man gießt den zerftoffenen Bedunfe ins Waffer, alsdenn fchwimmt eine weiffe Haut darauf, die die feinfte Materie ift.
Diefe fchöpft man ab, und thut fie in ein
befonderes Gefäß, da fich wieder ein Kies
unten fammlet, den man zerftöft, und die
übrige

übrige Materie in einem Kasten an der
Sonne trocknet. Man reinigt darauf den
Koalim vom Sande, und setzt ihn zu dem
Bedunse. Man vermischt diese Stücke so,
daß zu der feinsten Sorte gleiche Portiones;
zur mitleren drey Theile Bedunse, und vier
Theile Koalim; und zur schlechten noch weniger Bedunse, das schwer zu bearbeiten ist,
genommen wird. Diese Materien werden
zum feinsten Teige getreten, welches sehr
schwer ist; daher die Chineser sagten, der
Porcellain würde von Menschen Knochen
gemacht. Der Teig muß darauf wenigstens ein Jahr stehen, da er immer mit
Wasser besprengt wird. Der Töpfer kne-
tet ihn wieder mit Wasser durch, der ihn
ordentlich drehet. Alsdann kriegt ihn der
Former, der ihn in Gipserne Formen dru-
cket, wie die Figuren daran aussehen sollen. Alsdann zieret es der Mahler noch
vor dem brennen aus. Blau muß blau gemahlet werden, da die Glasur die blaue
Farbe verdirbt; andere Farben werden aber
damit überzogen. Die Glasur machen die
Chineser aus einem Oel von pulverisirten
Bedunse. Darauf brennt man den Porcellain, und zwar zweymal. Der erste
Brand heist das Verglüen im ordentlichen
Töpferofen 12. bis 14. Stunden in gewissen Kapseln übereinander. Zum andernmal
setzt

setzt man es in einen besondern Ofen, da es
coaguliret, oder die Farbe einbrennet, wel=
ches gefährlich ist, wenn man zu viel Feu=
er anlegt. Man legt erst gelinde an, und
läst es sechs Stunden gleich seyn, nachher
aber 18. Stunden immer abnehmen. Sie
müssen vier Tage darin stehen. Alsdenn po=
lirt man es mit Wolfs= und Löwenzähnen
und harten Jaspis, der dazu geschliffen ist.
Je älter der Chinesische und Japonische
Porcellain ist, desto kostbarer ist er, da
die Alten den mehresten Fleis darauf wand=
ten. Der Japonische ist der feinste,
weil beyde Arten von Erde besser sind.
Den alten Japonischen Porcellain nennet
man Krack. Je grösser die Gefässe sind,
desto kostbarer sind sie, wegen der beson=
deren dazu erforderlichen Oefen. Der vori=
ge König in Preussen, des itzigen Herr
Grosvatter, hat 48. grosse Gefässe weiss
und rothe mit grossen Kosten zusammen ge=
bracht, dafür der König August in Pohlen
ein schönes Regiment Dragoner gegeben.
Die Kostbarkeit des Porcellains bestehet
auch in der weisse, und je älter es ist, de=
sto weisser ist es, da sich die Erde jetzt schön
verändert. Man siehet auch sehr auf die
Polirung, daß sich dabey keine Ritzen fin=
det. Man siehet dabey auch auf die Mah=
lerey. Die Chineser haben gelbes, und

weil

weil das da die Hoffarbe ist, so darf es
niemand anders haben, und es ist also. in
Europa rar. Es ist aber wirklich nicht so.
fein, als das andere. Die Mandarins
haben auch Porcellain von einer Farbe mit
lauter Gittergen bezogen, welches sehr schön
ist. Sie haben auch weisses, darauf nur
roth, blau, und Gold, aber sparsam ist.
Das Chinesische Gold ist nicht gut, das
blaue aber besser. Die Blumen sind schön;
die Menschen aber schlecht. Das Porcellain mit erhabenen Figuren ist das schönste.
Die gemeine sind auch braun, mit weissen
Figuren, welches in China das gemeinste
Hausgeschirr ist, da sie auch immer draus
kochen, und werden auch Häuser damit,
als mit Marmor, gezieret. Ja man hat ganze
Porcellain-Thürme, die damit überzogen
sind, und bey jedem Stockwerke hängen
kleine metallene Glocken heraus. Der Porcellain ist so hart, daß ihn kein Wetter,
auch das Feuer selbst nicht, ruiniret. Weil
nun in ganz Orient üblich ist, daß man darin isset, so ist das eine starke Manufactur,
und es kommen auch an den Türkischen Hof
lauter solche Geschirre. Den Gebrauch des
Porcellains befiehlt der Aberglaube, daß er
dem Gifte die Kraft nehme, und das viele
warme Trinken im Orient; und da dieses
lektes

letztere auch in Europa Mode geworden ist, so wird unser Silber immer dafür hinge= schleppet. Da man jetzo in Europa an allen Höfen das Dresdensche Porcellain dem Chinesischen und Japanischen vorziehet, so gereicht es zur Ehre unsers Vaterlandes, es kennen zu lernen. Der Erfinder ist ein Apo= thecker=Geselle aus Wittenberg, Böttger, gewesen, der sich fleißig auf die Chymie ge= legt und fleißig Bücher gelesen hat, daher man von ihm ausgesprenget, er könte Gold machen. Der König August hörte es, und ließ ihn nach Dresden kommen. Er läug= nete, daß er die Kunst könte, und sagte, er hätte vielmehr Mühe angewandt Porcellain zu erfinden. Er ward auf den Königstein gesetzt, und ihm alles nöthige gegeben, da er dann das weisse Porcellain erfand, wo= zu ihm der grosse *Tschirnhausen* vielen Zu= schub gethan hat. Er ist Baronisirt wor= den, aber doch nicht frey gekommen, und anno 1719. gestorben. Nach seinem Tode hat man es noch weiter gebracht. Die Ma= terie ist zweyerley in den Sächsischen Gebür= gen: ein alkalischer Talgspan; und eine aschenfarbige fette Erde, die auch röthlich fällt, und so zusammen gesetzt wird, als bey den Chinesern. Man hat befunden, welches die Chineser selbst gestehen, daß diese Ma=

S 5

terie

terie eben so gut sey, als die Chinesische.
Man bewahret sie daher sehr scharf mit Wa-
che. Dieses stürzte den Grafen Hoimb,
der in Frankreich so naturalisirt gewesen,
daß er, da man zu St. Clous eine Porcel-
lain-Fabrique angelegt hatte, grosse Kisten
mit Erden dahin schickte; daher er auf den
Königstein gefangen gesetzt wurde, da er sich
erhieng. Die Glasur ist auch dauerhaft
und zärtlich. Die Gefässe sind noch zierli-
cher, als die Chinesische, und man macht
ganze Statuen davon, die man in Modellen druckt, und so verfertiget. Man macht
auch Brust- und kleine Bilder. An dem
Sächsischen Porcellain ist auch die Auszierung besser, und besonders hat man es in
der Farbe am höchsten gebracht, und alle
Farben, die Feuer halten. Die Chineser
haben blau, braun, roth, gelb. In Sachsen macht man grün, blau, roth, blüme-
rant, und Pfirsichfarbe, und allerhand andere Couleurs. Man hat dazu die geschik-
teste Emaillen-Mahler, da das Chinesische
Mahlen grob ist. Auch im Brennen übertreffen die Sächsische Porcellainmacher die
Chineser, da das Sächsische nicht so leicht
springt, als das Chinesische. Die Chineser erkennen selbst, daß das Sächsische
Porcellain das ihre an der Weisse, Härte,
Gestalt,

Geſtalt, Auszierung, in erhabenen Figuren, und Farben, weit übertreffe. Man hat im Sächsischen Porcellain auch alle Vögel ungemein natürlich nachgemacht, und jetzt iſt man im Begrif, eine Orgel von Porcellain zu machen in der Catholiſchen Kirche. Das Sächsiſche Porcellain komt auch weit theurer. Ein ordinair Service von 4. Dutzend Teller, 6. Kümpen, 1. Dutzend Meſſerlemmel, Gabeln, Löffeln, Salz- und Gewürzfäſſern, koſtet 4000. Rthlr. Einige wollen behaupten, das Sächsiſche Porcellain ſey nicht ſo durchſichtig, als das Chineſiſche, und ſey das Gold darauf nicht ſo dauerhaft. Es iſt aber eine unerörterte Frage. Die Fabrique iſt jetzt zu Meiſſen an der Elbe auf dem alten Schloſſe; da man, als der König von Preuſſen in Sachſen einfiel, viele Form-Oefen, und andere Sachen, entzwey geſchlagen hat. Diejenige, die das Geheimnis wiſſen, ſind auf dem Königſtein. Es weiß aber ein jeder nur ein wenig davon, damit es deſto weniger verrathen werden könne. Die Mahlerey iſt am wenigſten geheim. Die andere Künſtler werden nie dimittiret. Ein Brief eines Jeſuiten aus China, Pere Andrée Colle, hat ausdrücklich aus China berichtet, wie das Porcellain

lain da gemacht werde, in der receuil de
lettres Edifiantes, dans China, und in
dem Journal des savans Tom. 12. p. 309.
und in den Memoires de Treyoux Jouin
p. 39. zu Paris ist anno 1747. ein Tractat in 8vo. heraus gekommen, unter dem
Titel: L'art de faire la porcellaine. Zu
Berlin kam anno 1750. in 4to heraus:
Das entdeckte Geheimnis des Porcellains,
sowohl des Chinesischen, als des Sächsischen.
Man hat zu Paris, St. Clous, Wien,
Berlin, Potsdam, und zu Delft in Holland, auch angefangen, Porcellain zu machen. Es ist aber nur eine Tonarbeit, die
nur durch das anfärben eine Glasur bekomt;
es ist nicht so weiß, nicht so hart, und
springt. Daher man so wenig in Engelland
das Chinesische, als sonst das Sächsische
Porcellain nachmachen können. Das Sächsische Porcellain ist für ein rechtes Gold-
Bergwerk zu halten, ob es gleich viel Holz
frist, daher man es an der Elbe angelegt
hat, um das Flößholz gleich haben zu können, und die Arbeit viel kostet. Der Ueber-
schuß ist aber so groß, daß es vor allen andern den Vorzug hat, und selbst das jetzige
Chinesische weit wohlfeiler ist.